Reencontrando El Camino

Cómo retomar el control de tu vida después de un revés emocional.

Índice

Capítulo 1:
Introducción.

Perder el rumbo es más fácil de lo que uno pudiera pensar y más frecuente de lo que muchos quisiéramos. Creemos que tenemos nuestra vida planeada y bien controlada cuando, de forma brutal e intempestiva, un suceso nos cambia todos nuestros esquemas. Esto puede deberse a diferentes causas tales como, un divorcio, un despido, la pérdida de un ser querido, etc., etc. Estamos hablando de situaciones que cambian nuestra vida de la noche a la mañana, cuando nos suceden cosas que no teníamos planeadas o que ni siquiera podíamos llegar a imaginar que nos pudieran ocurrir.

También nos puede suceder que dejemos pasar el tiempo sin darnos cuenta de que estamos yendo por el camino equivocado. No somos conscientes de que hemos perdido la brújula y ni siquiera nos damos cuenta de lo que pasa hasta que nos encontramos a alguien que no hemos visto en años y, después de saludarnos y preguntar por la salud y la familia, nuestro interlocutor nos dice:

-Oye, ¿tú no tenías planeado hacer tal o cual cosa? ¿Cómo es que ahora estas aquí?

Ahí es cuando caemos en la cuenta de que nos hemos desviado del camino y que ni siquiera sabemos cuándo dimos un giro equivocado o tomamos una decisión incorrecta, y ahora nos hallamos en un lugar donde no planeábamos estar hace unos años o, aún peor, tal vez estemos viviendo una situación con la que no estamos conformes y nos limitamos a sobrevivir día a día sin ser realmente felices.

Desafortunadamente, para muchos de nosotros esta puede ser la historia de nuestras vidas, donde todo fue bien durante un tiempo y, sin darnos cuenta cómo, comenzamos a vivir una vida que no nos agrada y a experimentar una situación que no es la que hubiéramos deseado para este momento de nuestras vidas.

Esto también puede suceder de una forma más violenta y menos gradual cuando, por ejemplo, nos despiden súbitamente de nuestro trabajo o nuestra pareja decide hacer su vida sin nosotros, esto es recibimos un fuerte revés emocional inesperado. En ambos casos, esta es una situación repentina que nos enfrenta de golpe a una realidad que, o no quisimos ver, o la vimos venir pero no supimos cómo reaccionar ante ella. Este tipo de situaciones más violentas, no suelen ser casuales y, en la mayoría de los casos, tienen antecedentes y orígenes que se pueden remontar a meses o años.

Todo el mundo, en algún momento de nuestras vidas, nos hemos apartado del camino correcto y comenzamos a dar tumbos, independientemente de si eres un gran empresario o un adolescente. Esto puede ser por culpa nuestra o por situaciones fuera de nuestro control que nos sacan de la ruta que creíamos que teníamos bien planeada y comenzamos a dar tumbos y a tomar direcciones equivocadas. Y mientras más tiempo pasa, más nos desesperamos y a la desesperación se suma el desconcierto.

Este libro busca enseñarte a recobrar la calma y reencontrar el camino a tu felicidad. El éxito es diferente para cada persona y está íntimamente relacionado con tu personalidad y con el momento específico de tu vida que estés viviendo. Asimismo, también depende de tu visión personal de lo que constituye un éxito, que probablemente será muy distinta de la de otras personas, y del momento de tu vida en el que te encuentres, dado que tus metas actuales pueden haber sufrido un profundo cambio respecto a los objetivos que te fijaste el año pasado.

En cualquier caso una cosa es segura: si tú eres feliz, sabrás sin duda alguna que tienes éxito.

Capítulo 2:

Aceptar los hechos.

Conocerse a sí mismo es el principio de toda sabiduría.

Aristóteles

El primer ejercicio que debemos realizar es el de aceptar los hechos como son y enfrentarnos a nuestra realidad sea esta cual quiera que sea, sea buena o sea mala, así sea cruel y dolorosa debemos enfrentarnos a ella, el no aceptar los hechos es entrar en un proceso de negación.

La negación tiene su razón de ser. Hay ocasiones en las que se usa apropiadamente como un mecanismo de defensa para disminuir la ansiedad asociada con un pensamiento terrible. Si enfrentarnos a una verdad sobre nosotros mismos o sobre otra persona o a una situación es algo demasiado aterrador y abrumador en un momento dado, de forma inconsciente podemos entrar en un modo de negación. De esta forma, al negar el problema o la situación que nos produce sentimientos negativos, nuestra ansiedad se reduce dramáticamente.

El único problema es que no resolvemos nada con este proceso. No aprendemos nada. No crecemos. No conseguimos ser mejores a la hora de lidiar con el miedo y el temor porque, de hecho, no nos enfrentamos realmente a estos sentimientos negativos. Como consecuencia de ello y, a pesar de que la negación reduce nuestra ansiedad, no resuelve nada, sino que solo pospone lo inevitable.

Aceptar determinados hechos dolorosos, aceptar la realidad tal y como es, puede ser una de las tareas más difíciles a la que tengamos que enfrentarnos, pero mientras no aceptemos nuestra realidad y vivamos en la negación, no podremos hacer nada para remediar el problema que haya surgido y mucho menos estructurar un plan para salir adelante. ¿Cómo puedes ayudar a alguien que no sabe que necesita ayuda o, peor aún, que se niega a aceptar que necesita ayuda? Es imposible.

Por lo tanto, necesitas aceptar que lo que estás viviendo es la consecuencia de una serie de hechos o factores que no percibiste, que no quisiste ver o que veías venir pero que decidiste ignorar. Pongamos un ejemplo relacionado con nuestra salud física. Digamos que nos detectamos un bulto. Sin embargo, no queremos pensar en la posibilidad de tener un cáncer y llegar a morir, por lo que negamos que es un problema. "Será un bulto de grasa o algo así. Va a desaparecer solo; estoy seguro", nos decimos a nosotros mismos.

Y eso es lo que hacemos. Nos olvidamos de ello. Nos sentimos más tranquilos y, de esta forma, tenemos menos miedo. Nos sentimos menos amenazados. En ese momento, la vida parece más segura tranquila y protegida. La negación ha hecho maravillas en este caso.

Sin embargo, a pesar de que nuestra negación reduce nuestra ansiedad y nuestro temor en este momento, eso no hace desaparecer el bulto. Negar el hecho no elimina la posibilidad de que podrías tener un cáncer, que este podría ser maligno, que debe ser evaluado por un profesional y tratado médicamente si resulta ser un tumor, independientemente de la cantidad de miedo que podamos sentir ante tal perspectiva. Pero mientras permanecemos en un estado de negación, vamos posponiendo nuestra visita al doctor y no nos efectuamos los análisis correspondientes. Si posponemos la visita al doctor por un tiempo demasiado largo, puede ser que, cuando nos decidamos a hacernos los análisis pertinentes, ya no sea posible aplicarnos un tratamiento efectivo en caso de sufrir alguna enfermedad y podríamos estar en riesgo de muerte. Siendo este el caso, es más prudente afrentar los hechos y tratar de controlar nuestra ansiedad y nuestros temores, mientras buscamos la ayuda necesaria acudiendo al especialista correspondiente.

Del mismo modo, si entramos en un proceso de negación en nuestra relación con nuestra pareja, esto puede llegar a provocar una ruptura. Sí, durante una pelea con nuestra pareja, ésta nos acusa de algo repetidamente y nosotros lo negamos una y otra vez y, a la vez, culpamos a la otra parte de los problemas que atraviesa nuestro matrimonio o noviazgo, evadiendo nuestra responsabilidad, corremos el riesgo de que el día que queramos reparar dicha relación, ya sea demasiado tarde. Al igual que un tumor que crece y se convierte en un cáncer terminal, los problemas en una relación pueden crecer y causar profundos resentimientos. Esto se, transforma en ira, pérdida del amor y, por supuesto, en el fin de la relación y todo ello por no querer aceptar los hechos y enfrentar la realidad en un momento determinado.

Negar la realidad y no aceptar los hechos nos hace sentir más seguros momentáneamente. Pero es una falsa sensación de seguridad. No hay seguridad real cuando nos engañamos a nosotros mismos, convenciéndonos de que todo está bien, de que no hay peligro cuando en realidad sí que tenemos un problema que debemos solucionar lo antes posible. Nuestra máxima seguridad radica en nuestra voluntad de ver la verdad acerca de nosotros mismos y de los demás sin anteojeras, de manera que podamos hacer frente con mayor eficacia a nuestros problemas y, en última instancia, prevalecer sobre ellos.

No hay futuro en la negación. Si seguimos negando repetidamente las señales de advertencia que están a nuestro alrededor, en nuestro trabajo, en nuestra relación o con nuestra familia, simplemente estaremos saboteándonos a nosotros mismos y estaremos sembrando las semillas del fracaso.

¿Cómo puedes cambiar tu vida si no aceptas que estás en el camino equivocado? Ahora bien, muchos intentaremos convencer a quien nos escucha (e inclusive a nosotros mismos) que en realidad no estamos mal, que lo único que pasa es que en nuestro trabajo nunca nos entendieron o que no sabemos por qué nuestra pareja nos abandonó si siempre todo estuvo bien. También puedes presentar otros argumentos, tales como: "Yo soy gordo porque así soy feliz". "Yo no estoy mal, los que están equivocados son ellos". "Yo soy solo una víctima de las circunstancias", etc., etc. Las excusas se pueden alargar hasta el infinito.

Tú puedes optar por ignorar por completo la situación. Sin embargo, esta negación no es algo que vaya a funcionar permanentemente, porque en algún momento el problema saldrá a la luz y entonces nos preguntaremos cómo no lo vimos venir. Pero ponte a pensar en ello de forma fría y honesta. Probablemente sí lo viste venir, pero decidiste ignorarlo o simplemente apartarlo de tu vista, porque era más fácil para ti.

Otra forma de negación es cuando nos negamos a reconocer que hay un problema. Esto le pasa, por ejemplo, a aquella persona que bebe en exceso y no para de decirse a sí misma y a los demás: "Claro que bebo a veces, pero puedo dejarlo a la hora que quiera". Eso también le ocurre al gerente autoritario y arbitrario que se dice a sí mismo: "Por supuesto que me irrito. ¿Quién no lo haría cuando estás viendo que los empleados no hacen las cosas como deberían?"

Otra forma de negación es obviar la existencia de opciones. En este caso, es posible que la persona reconozca que hay un problema y que es importante solucionarlo, pero no quiere reconocer que hay alguna manera de cambiar las cosas, porque es más fácil encontrar una excusa para no hacer nada. Se dice a sí mismo: "No sirve de nada probar" "Para que intentarlo si no va a funcionar". Y acaba por no hacer nada. Muy relacionado con este tipo de negación está la idea de que no existe capacidad personal para cambiar. En este caso, incluso cuando se ha reconocido que existe un problema importante y que hay algunas cosas que podrían ayudarnos a resolverlo, aquí es frecuente ver cómo nos decimos a nosotros mismos que no tenemos el poder para cambiar las cosas. Seguro que alguna vez te has escuchado decir cosas como: "Yo nací de esta manera", "Yo tengo el temperamento de mi padre" o "Lo he intentado antes y no puedo hacerlo".

Cuando el tiempo se vuelve una urgencia, una de las formas más comunes para no hacer frente a los problemas es posponerlos. Esto te resulta familiar, ¿verdad? Habrás dicho muchas veces cosas como: "Yo me encargo de esto, tan pronto como....". Pero ese momento nunca llega, porque nunca es el momento conveniente. El momento perfecto nunca llega.

En el fondo, podemos saber fácilmente si algo va mal. Solo tenemos que preguntarnos si somos felices. Si no lo somos, es obvio que tenemos problemas que arreglar en nuestras vidas, situaciones que debemos solucionar para llegar a ser felices. La felicidad es la suma de una serie de pequeños factores que cada uno de nosotros pondera de forma distinta, pues todos nosotros damos una importancia diferente al trabajo, a la familia, al tiempo dedicado a las aficiones, etc. Mientras que para una persona la felicidad puede consistir en pasar un fin de semana con su familia, para otra podría ser asistir a un concierto de su artista preferido y para un tercero podría ser estar tranquilamente pintando un cuadro.

Cada uno de nosotros tiene diferentes valores asignados a cada actvad de nuestras vidas. Sin embargo, si hace tiempo que no disfrutas y que vives angustiado, eso puede significar que tu vida esta desequilibrada y necesitas encontrar qué es lo que te está haciendo infeliz para poder solucionarlo.

A nivel general, todos tenemos grandes apartados generales que afectan de forma directa a nuestra vida, que son, principalmente, los siguientes:

✓ Familia
✓ Trabajo
✓ Relaciones personales (sentimentales y de amistad).
✓ Vida Personal.

Si no eres feliz significa que algo está fuera de balance, que algo te está molestando. Este "algo" puede ser evidente para ti o se puede presentar como una extensión de un problema que se ha presentado en algún otro apartado de tu vida. Por ejemplo, si tienes problemas en el trabajo, eso puede repercutir en tu vida familiar y causarte problemas con tu pareja. Esto significa que tendrás problemas en tu vida sentimental que han sido provocados por las dificultades que sufres en otro ámbito y el origen del problema está en otra parte.

Es de vital importancia el atrevernos a mirar a la verdad a los ojos a pesar de lo incómodo que pueda llegar a resultar y debemos atrevernos a mirar a los demás y a nosotros mismos con honestidad, libre de nuestros prejuicios y proyecciones, de esta forma aceleraremos el proceso de cambio y crecimiento.

Capítulo 3:
Cómo llegué aquí.

La vida es lo que te pasa
mientras estás ocupado haciendo otros planes.

Allen Saunders

En el capítulo anterior nos forzamos a nosotros mismos a hacer un alto en el camino y a analizar dónde y cómo estamos. Ahora bien, también tenemos que hacernos otra pregunta muy importante: ¿Cómo hemos llegamos hasta aquí?

Es de crucial importancia saber cómo hemos llegamos hasta este punto. Alguien podría poner en duda la importancia de saber cómo se ha llegado hasta ese punto. Podrían pensar: ¿Qué importa cómo llegué a ser tan infeliz, si yo lo que quiero es salir de aquí y ser feliz?

Por una parte puede darse el caso de que te encuentres a ti mismo viviendo tranquilo tu vida, cuando de forma repentina te enfrentas a un evento que cambia drásticamente tu vida. Este evento puede tener diferentes aspectos: la perdida de tu trabajo, una enfermedad, la muerte de un ser querido, un accidente, un divorcio, etc., etc. Existen muchas cosas que pueden cruzarse en tu camino y cambiar tu vida y tus metas.

En ese momento, experimentarás un retroceso en lugar de seguir avanzando. De hecho, desde esta nueva perspectiva, no verás siquiera cómo puedes llegar a lograr tus metas.

Aquí lo importante es buscar entender de una forma lógica, honesta y razonable si este evento es una situación fortuita o si fue algo que nosotros provocamos de forma consciente o muy comúnmente de forma inconsciente.

Este es un punto clave porque, si no sabemos qué es lo que nos llevó a la situación, ¿cómo podremos evitar caer en ella posteriormente?

Tanto para bien como para mal es imprescindible saber cuáles fueron las acciones que nos llevaron hasta donde nos encontramos ahora. Si tú le preguntas a un empresario cuál fue su receta para lograr el éxito y te responde que no lo sabe, ¿cómo puede volver a repetir dicho éxito? Esto también se puede aplicar al caso contrario. ¿Cómo podría un empresario que va a la ruina evitar un nuevo fracaso si no conoce cuáles fueron las acciones que lo llevaron a sufrir ese primer descalabro?

Como puedes repetir y emular el comportamiento de una pareja con una excelente relación, si cuando le preguntas a ellos te dicen que no saben que es lo que han hecho bien, y en el caso contrario como puedes corregir y remediar una relación que termino con un divorcio e inclusive con una infidelidad, si desconoces cuales fueron las causas y los factores que lo motivaron.

Las fórmulas tanto del éxito como del fracaso se componen de una serie de ingredientes y circunstancias determinadas. En el caso del éxito, debemos saber cuáles son esos factores para poder aplicarlos continuamente y poder perpetuarlo, mientras que, al mismo tiempo, debemos averiguar cuáles han sido las razones de nuestro fracaso para trabajar sobre ellas y evitar volver a caer en los mismos errores en el futuro.

Un atleta que desconoce cuáles son los ejercicios que le ayudan a mejorar no puede generar un plan de trabajo para aprovechar su potencial al máximo. Asimismo, también debe conocer cuáles son los alimentos que no le favorecen para aprender a evitarlos y proceder a sustituirlos por otros que sí le beneficien. Pero, si no intenta averiguar qué es lo que ha hecho mal durante su entrenamiento, ¿cómo puede corregirlo y mejorarlo? Tanto para bien como para mal tú debes conocer con todo lujo de detalles cuáles fueron las acciones y circunstancias que te llevaron a encontrarte en esta posición, para poder saber qué elementos debes cambiar para seguir avanzando en tu camino a la felicidad y evitar volver a cometer los mismos errores en el futuro.

-Nada ganas con mentir

Admitir que nos equivocamos puede ser una de las cosas más difíciles con las que nos tenemos que enfrentar, pero no tiene ningún sentido que te mientas a ti mismo o trates de culpar a otra persona de tu situación. Por ello, es muy importante que intentes ser brutalmente honesto contigo mismo a la hora de analizar los problemas que están afectando a tu vida.

Para ayudarte en este cometido, vamos a realizar un ejercicio. Este consiste en crear un diario de adelante hacia atrás, tomando como punto de partida la fecha actual y la situación que nos acongoja al día de hoy. En este diario, Escribiremos de forma clara y concisa cuál es exactamente nuestra situación actual e iremos escribiendo las fechas anteriores en las que sucedieron eventos que creemos que influyeron de forma decisiva en nuestra situación actual.

17

Al estar escribiendo esta diario no hagas trampa ni busques justificar tus actos y tu situación actual, tienes que ser lo suficientemente valiente para expresar de forma escrita cuales fueron las acciones, los hechos, las omisiones que fueron llevándote a donde estas ahora, este diario es para ti es para entender que es lo que sucedió.

En este ejercicio es válido incorporar los puntos de vista de terceros involucrados dado que, aunque nos pueda molestar, hay opiniones externas que pueden ser distintas a las nuestras pero que pueden contribuir de forma significativa a ayudarnos a avanzar en el proceso de entender cómo llegamos a este punto.

Recuerdo una ocasión donde una persona, a la que ayudamos a superar un proceso de despido bastante doloroso para ella, aceptó realizar un ejercicio de evaluación que incluía a su exjefe, a varios de sus compañeros de trabajo (pares) y a algunos de sus subordinados. Él se llevó una desagradable sorpresa cuando vio las evaluaciones que hicieron sus subordinados de su labor, pues lo acusaban de ser un déspota y un insensible, mientras que él creía que había desempeñado una gran labor como jefe.

En el caso de una ruptura sentimental, la opinión y los puntos de vista de la otra parte también son muy importantes para comprender el proceso. Puede ser que en este momento estemos muy molestos con esa persona, sobre todo si nos enfrentamos a una situación de ruptura emocional o una infidelidad, pero en este tipo de situaciones conocer el punto de vista de nuestra contraparte es muy valioso. Debemos comprender que para que una relación salga adelante y florezca, ambas partes deben estar felices y si la otra parte no se siente a gusto llegará un momento en que la situación acabe por estallar. Es importante realizar este ejercicio de forma escrita y no solo como un recuento de recuerdos, dado que la escritura nos permitirá ver que hay ciertos eventos que se repiten una y otra vez, mientras que hay otros que son como ecos o consecuencias de un hecho en particular.

Ya escrita esta lista de hechos o de eventos, debemos dejarla reposar un par de días. Cuando pase este lapso de tiempo retomaremos de nuevo nuestro diario y trataremos de unir hechos similares para reducir el número de factores involucrados. Por ejemplo, si tenemos en la lista 20 apuntes tales como: "Llegué tarde a trabajar el día x" y esta acción se repitió varias veces a lo largo del tiempo, podemos resumir todos estos hechos poniendo simplemente en nuestra lista algo como: "Llegaba tarde al trabajo frecuentemente".

Una vez que hemos consolidado nuestras entradas, las numeraremos. Aquí tendremos que incluir los comentarios y las observaciones de las otras personas a quienes hemos acudido, sean quiénes sean. Recordemos que un proceso de crecimiento implica madurez y la madurez conlleva la capacidad de aceptar críticas y recomendaciones de terceros y utilizarlas para mejorar. No se trata de moldear nuestra vida según los comentarios y opiniones del resto del mundo, pero sí de forma frecuente recibimos críticas relacionadas con una faceta determinada de nuestra personalidad, es muy probable que tengamos que trabajar en ello.

Ya que hemos depurado y enumerado los componentes de nuestra lista, tomaremos una hoja nueva y, escribiremos una breve reflexión sobre cada uno de los factores que aparecen en ella, indicando si creemos que esto fue algo positivo para nosotros, para nuestro entorno y para nuestro desarrollo o si, por el contrario, fue una acción que contribuyó a llegar a mi estado actual de infelicidad.

Ahora bien, si hemos detectado que este hecho ha sido negativo, tendremos que pensar en opciones y alternativas positivas que nos pueden ayudar a sustituir esa acción negativa. Pero muchas otras no lo serán tanto. De hecho, si actuamos de una determinada manera en repetidas ocasiones y las personas a las cuales hemos acudido para que nos den su opinión la consideran como una forma negativa de actuar, debemos de reflexionar acerca de cuál debería haber sido el curso de acción correcto a seguir.

-*"Pues es que así soy yo y no puedo cambiar".*

Esta es una frase que hemos escuchado decir muchísimas veces a todo tipo de personas que se encuentran en una situación emocional difícil, pero que, al analizar los hechos y acciones que les llevaron a la posición en que se encuentran, no aceptan que han actuado de forma errónea y justifican su comportamiento simplemente diciendo: "Es que yo soy así".

Como seres humanos, debemos de entender que no somos perfectos y que tenemos el potencial de mejorar. Podemos tener ciertos rasgos de personalidad o carácter, pero si esos rasgos nos están ocasionando problemas con nuestra pareja, en nuestro trabajo o con nuestras amistades, debemos entender que podemos esforzarnos para cambiar y tener éxito en tal empeño si realmente lo deseamos. Trabajamos y nos relacionamos constantemente con otras personas y si un rasgo de nuestra personalidad está afectando negativamente a nuestros intercambios con el resto de las personas de nuestro entorno, debemos de trabajar en ese aspecto y tratar de mejorarlo.

Vuelve a tomar lápiz y papel y escribe en una hoja cuál es tu situación actual en el ámbito personal. Describe cómo te sientes y una vez lo hayas hecho, toma las hojas que rellenaste anteriormente referentes a los diferentes grupos, donde debías indicar cuál es tu grado de satisfacción al respecto. Examina lo que has escrito anteriormente y decide cuál de estos grupos está más relacionado con tu problema actual. ¿Es cl familiar? ¿El laboral? ¿Está ubicado en el ámbito de tus relaciones personales o está vinculado a tu desarrollo personal?

Como hemos mencionado anteriormente, todos los grupos interactúan entre sí y tu desarrollo personal está estrechamente vinculado a todos los otros grupos. Sin embargo. Debemos buscar cuál es, hoy por hoy, el que te duele más, dónde está la molestia que más te preocupa y, una vez tengamos esa información, la utilizaremos para iniciar nuestro camino hacia la felicidad.

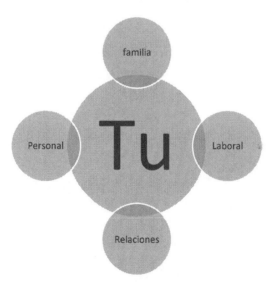

Ahora vamos a descubrir lo que, aparentemente, te está causando la mayor desazón. ¿Por qué decimos "aparentemente"? Porque iremos descubriendo que los hechos difícilmente se producen de forma aislada y que, en realidad, un problema puede estar compuesto por muchas partes e inclusive involucrar a diferentes áreas. Un problema en la oficina hará que llegues de mal humor a tu hogar y si no te das cuenta de ello estarás trasladando tu problema laboral hacia tu núcleo familiar, lo que nos traerá a su vez otro tipo de complicaciones. Para poder desenmarañar el lio debemos empezar por alguna parte y lo mejor es comenzar por donde creemos que se encuentra nuestro principal problema, aunque nuestro análisis nos lleve posteriormente a investigar otras facetas.

Averigüemos, por tanto, dónde creemos o sentimos que está nuestro mayor problema. Este se encontrará en el ámbito donde nuestro grado de satisfacción sea más bajo. Una vez lo localicemos, este será el lugar ideal para comenzar nuestro análisis.

Veamos un ejemplo que nos puede ayudar a iniciar nuestro camino. Imagina que me encuentro molesto por mi sobrepeso, por lo que veo que en mi grupo personal, en el renglón dedicado a la salud, tengo un grado de satisfacción muy bajo. Al mismo tiempo, este es un grupo muy importante para mí, por lo que empiezo por ahí. En una hoja nueva apunto mi problema específico con el nombre de "Sobrepeso". Debajo de este título comienzo a escribir cuáles son las causas directas que me imagino que me llevaron a sufrir este problema, tales como abusar de la comida poco saludable, hacer poco ejercicio, comer a deshoras, etc. Cada causa que apuntemos tendrá a su vez una razón subyacente, como por ejemplo ansiedad relacionada con el trabajo, una vida sedentaria, etc. El análisis de estas últimas será el que nos ayude a iniciar un proceso de cambio, pues cuando nos apliquemos a solucionar estos factores, podremos modificar igualmente el problema que provocan, en este caso, sobrepeso

Capítulo 4:
El perdón.

El débil nunca puede perdonar. El perdón es el atributo de los fuertes.

Mahatma Gandhi.

Uno de los fantasmas que más nos atormenta es el de los recuerdos pasados y pensar una y otra vez sobre errores que cometimos en el pasado. Revivimos una y otra vez nuestros recuerdos, especialmente los negativos y esta es una carga emocional que nos lastima y nos hiere continuamente. Pero, al mismo tiempo, esto no nos lleva a ningún lado ni nos ayuda a cambiar las cosas; es tan solo un reflejo doloroso de nuestro pasado.

Si lográsemos ver de alguna forma la cantidad de bagaje inútil que acarreamos constantemente en forma de sentimientos negativos, nos sorprenderíamos al ver la cantidad de problemas que venimos arrastrando y que nos hace la vida pesada y difícil de sobrellevar

Para poder aligerar toda esa carga que llevamos dentro de nosotros, uno de los recursos más poderosos que tenemos a nuestra disposición es la capacidad de perdonarnos a nosotros mismos, lo que nos permitirá ser más felices a largo plazo. Es como si tuvieras un fuerte dolor de muelas. Cuando te atormenta un problema de este tipo, no importa si en una reunión alguien te platica una excelente historia humorística; tu malestar no te permitirá disfrutar de ella por buena que sea, el resto de la concurrencia estallara en risas, pero tu malestar no te permitirá ni disfrutar de la reunión, ni de la historia. Del mismo modo, el dolor y la pena no nos permiten disfrutar de las cosas buenas que tenemos a nuestro alrededor, actuando como una barrera y un pesado lastre que tenemos que arrastrar constantemente.

Por eso, Uno de los componentes más importantes de la vida de una persona es la posibilidad de perdonarnos a nosotros mismos. Si queremos caminar con el éxito por el camino de la vida, debemos empezar por perdonarnos total y absolutamente.

Habitualmente, nosotros somos nuestros peores críticos. Generalmente somos más duros con nosotros mismos que con otras personas. Salvo excepciones, sabemos cuáles son nuestros errores, pero estas equivocaciones que consideraríamos algo menor en otras personas, se convierten, en muchas ocasiones, a nuestros ojos, en algo casi imperdonable cuando las cometemos nosotros.

Pero si queremos ser realmente felices, Tenemos que estar dispuestos a perdonar, olvidar y seguir adelante. Es extremadamente difícil vivir con una persona que no se perdona a sí misma y que acumula y carga rencores y errores del pasado. Son personas irritables, demasiado sensibles ante cualquier comentario o acción, con un humor pésimo y no suelen ser divertidas. Además, suelen poseer una enorme tendencia a quejarse y a ver siempre el lado negativo de la vida, por lo que no resulta nada atractivo pasar largas horas en su compañía.

Por otro lado, Ser una persona negativa no quiere decir que es una persona realista. Esto es importante, porque muchas personas suelen asociar este concepto con cualidades que no representa realmente. Ser una persona negativa no significa ser un individuo aterrizado ni mucho menos, al igual que una

24

persona positiva tampoco es un soñador alejado de la realidad. Una persona absolutamente negativa siempre tendrá una visión distorsionada de las cosas y será mucho más duro con los demás y consigo mismo que una persona realista. Si quieres ser feliz, tienes que hacer desaparecer la negatividad de tu vida.

No podemos escapar de nosotros mismos. A donde quiera que vayamos, ahí estaremos, por lo que debes aceptar las cosas como fueron. Están en el pasado; ya han sucedido y no tienen solución, por lo que debes darte la oportunidad de ser feliz.

-Cómo puedo perdonarme a mí mismo.

Si no te perdonas a ti mismo es como si te condenaras a vivir para siempre en una prisión. Si tienes este problema, debes ser consciente de que no tienes por qué seguir viviendo con esta angustia. Acepta el hecho de que tú tienes la autoridad para perdonarte y que solo tú eres el juez y el jurado que decidirán tu particular sentencia. Tú tienes la posibilidad y el derecho de perdonarte a ti mismo.

Confirma esta situación de forma diaria. Invierte cierta cantidad de tiempo todos los días en eliminar un mal hábito de tu vida. Recuérdate constantemente a ti mismo que te has perdonado y que estás en el proceso de cambiar tu vida.

Asegúrate de ir paso a paso. Habla con las personas con las que tengas mayor confianza y cuéntales lo que estás haciendo y en qué parte de este proceso te encuentras. Ellos te ayudarán a perdonarte a ti mismo por los errores pasados y te ayudarán, esto va a reafirmarte en tu nuevo camino. Vive, experimenta y disfruta de tu perdón. Ahora que has aceptado el perdón como parte de tu nueva vida, permite que la felicidad llene tu ser. Sal, vive la vida y perdona también a los demás.

Tomemos un par de ejemplos sobre situaciones de la vida diaria y corriente para reforzar este concepto. Uno de ellos puede ser el hecho de que hayamos sido despedidos en nuestro trabajo. Obviamente esta es una situación que nos causa malestar y nuestra primera reacción ante este tipo de situaciones es de enojo, malestar, frustración y pesar. Es normal sentirnos así, dado que, de algún modo, el haber sido despedido de nuestro trabajo es como fallar en una meta que nos habíamos impuesto, golpea nuestro ego y amor propio además de tener que enfrentar los posibles problemas económicos que nos puedan surgir. Por lo tanto, esta situación se vuelve compleja por las diferentes implicaciones que va presentando.

Dentro de este proceso, tarde o temprano tendremos que enfrentarnos a nosotros mismos. ¿Fuimos nosotros los que tuvimos la culpa o fuimos despedidos por otras cuestiones? De forma consciente o inconsciente, tenemos siempre un cierto porcentaje de responsabilidad ante una situación así y la forma en que enfrentemos este hecho es la que nos permitirá seguir adelante o quedarnos atascados en esta situación.

A lo largo de los años, he visto diferentes formas de enfrentar este tipo de hechos, desde la persona que los acepta, analiza qué es lo que estuvo bien y mal, decide cuál fue su participación en los hechos e incluso pide una entrevista con su empleador para ver cuáles fueron las razones que la compañía esgrime para justificar el despido. Una vez hecho esto, trata de seguir adelante y superar este amargo episodio, buscando un nuevo trabajo y evitando cometer los mismos errores en el futuro. Esta sería una forma positiva de salir adelante.

Pero también tenemos la otra cara de la moneda, la de la persona que, al saber que está despedida, entra en un proceso de enojo y frustración, culpa a todos los demás de lo que le sucede y se rehúsa a creer que esto le está pasando a él. La persona no avanza en el proceso de curación, se queda estancado en él y pierde el tiempo pensando en la injusticia de los hechos y en cómo las cosas deberían de haber sido. Se consuela pensando que lo que ha ocurrido no es justo y que las personas se acabarán dando cuenta de la injusticia que han cometido e inclusive se asegura a sí mismo en que acabaran dándose cuenta de su error y le pedirán que regrese. Pero es más que probable que eso nunca pase y los sentimientos de dolor y frustración no harán sino aumentar con el tiempo, envenenando toda su existencia.

El proceso de perdonarse a uno mismo implica saber y aceptar que podemos equivocarnos. Esto es un hecho. No somos perfectos y, como todos los seres humanos, tenemos muchas fallas y errores. Nuestra grandeza como personas comienza cuando aceptamos que somos falibles. Cuando aceptamos que podemos equivocarnos, estamos también dándonos cuenta de que podemos mejorar, que podemos trabajar sobre nuestros errores y crecer gracias a ellos. Pero mientras no aceptemos que hemos fallado no podemos crecer, ya que estaremos dando por sentado que estábamos bien y que lo que ha sucedido no es en ningún sentido culpa nuestra.

En primer lugar, para tener éxito en este proceso, debemos aceptar que tenemos cierto grado de culpa o participación en lo que ha ocurrido. Pero no podemos quedarnos ahí, ya que, una vez que hemos entendido y aceptado cuál fue nuestra responsabilidad en lo sucedido, debemos afrontar el suceso, perdonarnos por nuestros errores, tomar nota de lo sucedido ver que hicimos bien, que hicimos mal y seguir adelante.

La cobija del dolor y la autocompasión es enormemente cómoda, pero no debes dejar que te rodee durante demasiado tiempo. Desafortunadamente, la gente que está a tu alrededor, al saber lo que te ha ocurrido, suele intentar ayudarte mostrándote su compasión y probablemente un dolor honesto, pero tú debes evitar a toda costa quedarte en esta etapa del proceso. Por más que duela, tienes que seguir adelante. Analiza los hechos, ve qué puedes sacar de provecho de esta situación, analiza dónde tuviste fallas que puedas enmendar, perdónate, comprométete contigo mismo para evitar que te vuelva a pasar lo mismo y sigue adelante con tu vida.

Asimismo, perdonarnos a nosotros mismos es necesario también para poder sanar una relación, incluso después de una ruptura o una infidelidad. Por ejemplo, muchos divorciados no se perdonan a sí mismos los errores que cometieron durante su fallida relación de pareja, o por haber estado demasiado tiempo en un matrimonio que no funcionaba, o por no pelear lo suficiente en el proceso de divorcio. Las cuestiones por las que una persona se puede sentir culpable son infinitas, pero tienes que aprender a superarlas. Cuando te perdonas a ti mismo, haces desaparecer todo tipo de sentimientos negativos que, posteriormente, se pueden manifestar en otros ámbitos de tu personalidad, creando problemas de autoestima, dudas frente a tu propia capacidad de hacer cosas, etc.

Para ayudarte en este proceso, piensa en los beneficios que te reportará el hecho de dejar atrás ese suceso que tanto te molesta. Por ejemplo, piensa que ya no estarás obsesionado con lo que te hicieron, ni estarás dándole vueltas constantemente a lo herido que te sientes, ni estarás cargando constantemente con todo tipo de sentimientos negativos y destructivos dentro de ti. Si sufriste un rompimiento, haz desaparecer este suceso completamente de tu vida y de tus emociones para poder ser verdaderamente feliz.

-Perdonar a los demás

En este mismo proceso, también tienes que aprender a perdonar a los demás. De nada sirve que vayas por la vida rumiando odios y rencores hacia personas a las que probablemente ya ni siquiera sigas viendo o con las que no tienes ningún contacto. No importa lo que tú creas que te hicieron; de nada te sirve vivir lleno de odio.

Si es posible, intenta tener una actitud práctica. En ciertos casos, valdrá la pena que hables con esa persona o personas que consideras que te han hecho daño y platica las cosas de acuerdo a tu punto de vista, Dales a entender que no estás de acuerdo con cómo se dieron las cosas, escucha lo que tienen que decirte y muévete hacia adelante. Es un hecho que dos personas ven la misma situación de forma distinta y algo que a ti te molesta desde hace años a la mejor a la otra persona ni siquiera le importó. Puede que apenas le haya prestado atención a ese suceso y esa persona siguió con su vida sin ningún problema, mientras que tú estás lleno de sentimientos negativos hacia ella por diversos motivos.

Tú no puedes vivir la vida de la otra persona ni obligarla a sentir o cambiar su posición ante un hecho que a ti te molestó. Lo que sí puedes hacer es lo que te hemos indicado anteriormente: si te molesta una situación, háblala con la persona implicada y preséntale tu punto de vista. Una vez hecho esto, si tú te permites perdonar, podrás avanzar y dejar atrás cualquier situación, por molesta que te haya resultado.

Es muy frecuente que este tipo de situaciones se dé en el contexto de las relaciones de pareja. ¿Estás luchando por perdonar a tu ex por algo que te hizo? ¿O quizás sigues guardando rencor a tu actual pareja por algo que ocurrió en el pasado? En todas las relaciones románticas habrá momentos que la persona a quien amas te hará daño. Puede ser algo pequeño, como un comentario acerca de tu persona, no llamar cuando había prometido hacerlo o tal vez olvidar fechas que para ti son importantes. También pueden producirse situaciones mucho más graves, tales como, infidelidades, insultos o conductas abusivas. No hay tablas de tiempo preestablecidas para perdonar, pero si tú sigues abrazado al resentimiento durante un largo periodo de tiempo, eso te puede causar mucho daño. No importa si continúas teniendo una relación sentimental con tu pareja, si te has divorciado o has vuelto a estar soltero, el resentimiento acumulado te puede ocasionar estrés, ansiedad y reducir tu esperanza de vida, además de afectar negativamente tus relaciones actuales. Muchas personas buscan iniciar una nueva relación después de un divorcio, pero no se dan cuenta que si siguen atrapados en el pasado no van a poder crear una relación a futuro exitosa.

En todo caso, el perdón es una cuestión unilateral y personal. Muchas personas creen que necesitan una disculpa por parte de la otra persona implicada para conseguir cerrar ese capítulo de sus vidas y superar lo que pasó. Esto no es así, sobre todo teniendo en cuenta que muchas veces dicha disculpa no llega o no se merece realmente. Todo depende únicamente de ti y solo tienes que aprender a dejarlo ir. Aprender a perdonar a los demás te permitirá liberarte de las cadenas y del dolor del pasado. Existen muchas personas que batallan muy fuerte con el concepto del perdón, porque ellas creen que perdonar significa condonar u olvidar lo que sucedió y esto no es cierto. Perdonar tan solo significa aceptar lo que pasó y dejarlo ir para poder seguir avanzando en tu vida. Perdonar puede ser una de las acciones más liberadoras del mundo. Si te aferras a una situación dolorosa, simplemente harás que sea mucho más difícil dejar a un lado el dolor que sufres y cambiar ese pasado por un futuro mejor.

El universo te envía de regreso lo que tú le envías. Llámale de la forma que tú quieras, pero cosechas lo que siembras. Sucede igual con el perdón. Si tú aprendes a perdonar a otros y a ti mismo, podrás dejar ir al dolor y avanzar.

Debes tener en cuenta que perdonar es una acción, no un sentimiento. No puedes sentir que perdonas a alguien si no lo has hecho todavía. Para poder sentir el perdón, primero debes de realizar la acción de perdonar y, después, sentirás el efecto del perdón.

Así, escribe todo lo negativo que sientes hacia tu pareja, expareja o hacia otras personas a las que guardas rencor. Puedes escribir algo como: "Yo te perdono por X y dejo ir esta emoción/resentimiento que he estado sintiendo hacia ti". Repite este ejercicio hasta que saques todo lo que tienes que decir. También puedes hacer algo así como escribir lo siguiente: "X, aun cuando yo no sea capaz de aceptar o condonar tu comportamiento, he decidido perdonarte. Estoy liberándome de la tensión y de las emociones negativas que he estado reteniendo en mi cuerpo". Para darles mayor peso, puedes leer tus declaraciones en voz alta a alguien cercano a ti en quien confíes. De esta forma, estás convirtiendo una emoción, un sentimiento, en una acción, y para que esto quede asentado de forma contundente, lo estás leyendo en voz alta en presencia de otro ser humano. De alguna forma, necesitas convencerte de que realmente estás dejando atrás esos sentimientos negativos y lo estás sacando de tu vida. Leerlo en voz alta enfrente de un tercero le da más sentido y valor a tu acción.

Capítulo 5:
Hacia donde quiero ir

Si usted no sabe a dónde va,
usted va a terminar en otro lugar.

Yogi Berra

Ahora que has hecho un alto en tu vida, ya sea por decisión propia o por necesidad, debes aprovechar este momento para revisar tus metas de la forma más real posible. Y cuando digo "de la forma más real posible" me refiero a que es genial tener metas grandiosas y dignas de mención cuando estás hablando con alguien, pero también tenemos que ser realistas respecto a lo que podemos lograr o no. Recuerdo en una ocasión, después de dar una plática mientras charlaba con un grupo de personas, se me acercó un muchacho bastante simpático y me dijo que él quería ser campeón de ajedrez. Pero al mismo tiempo, también quería ser campeón de natación, correr los 500 metros planos, etc., etc. Insisto: no es malo tener increíbles planes y metas, pero cualquier compromiso que nos hagamos va a requerir tiempo y dedicación. Si realmente queremos triunfar en nuestro cometido y ser el mejor, el campeón en algo, debemos estar conscientes que el conseguirlo nos va a tomar tiempo y esfuerzo.

Por eso, hay que hacer un alto en el camino y reevaluar los pasos que ya hemos dado anteriormente para conseguir nuestros objetivos y ver en qué punto del camino nos encontramos. Asimismo, es el momento de decidir hacia dónde queremos ir a partir de ahora. Si no sabes a dónde vas, si no tienes una idea clara y muy definida de hacia dónde quieres ir, la vida te puede ir moviendo de un lado hacia otro y puedes terminar en un lugar o posición en la que nunca te habías imaginado encontrarte. O, peor aún, que no querías. De igual forma, si no sabes hacia dónde vas, ¿cómo puedes saber si estás cerca o lejos de tu meta? Más aún, si no sabes cuál es tu objetivo, ¿cómo podrás saber incluso si ya lo has alcanzado?

En las pláticas que damos, hay un ejercicio donde colocamos un lápiz en una mesa o un escritorio y le hacemos la siguiente pregunta a las personas que están tomando el curso con nosotros: "Este lápiz... ¿Está cerca o está lejos?" Las respuestas siempre son dispares, pues unos afirman que está lejos mientras que otros opinan que está cerca. Pero, si no dijimos hacia dónde tenía que llegar el lápiz, ¿cómo sabemos si está cerca o lejos? Todo depende de cuál sea el punto de referencia, el lugar final donde debe situarse el lápiz. Del mismo modo, si no lo conocemos, si no sabemos hacia dónde nos dirigimos, ¿cómo podemos saber si estamos cerca de nuestra meta o si nos estamos alejando de ella?

En la vida podemos y debemos de tener diferentes tipos de metas u objetivos. Éstos habitualmente se vincularán a las siguientes categorías:

1. Objetivos laborales.
2. Objetivos familiares.
3. Objetivos vinculados a la realización personal.

Aunque todo nuestro entorno afecta nuestra vida, ya que no podemos separar de forma tajante la familia del trabajo y de nuestra vida interior, sí podemos y debemos tener objetivos muy claros en cada una de las áreas que afectan de forma más directa al desarrollo de nuestra vida.

De igual forma, después de que nos fijemos unos objetivos, debemos decidir qué metas son más importantes que las otras. Por ejemplo, Rubén puede estar en un momento crítico en su ambiente laboral. Por eso, su trabajo puede ser en este momento una actividad con mayor peso que otras y tiene que darle prioridad frente a otras cosas, como por ejemplo aprender a pintar en acuarela. Por otro lado, María puede encontrarse en una encrucijada y verse obligada a decidir entre aceptar un nuevo empleo en otra ciudad o rescatar su relación con su novio actual. Todos debemos de ponderar y definir a dónde queremos llegar y, cuando lo hagamos, entonces ya podremos tomar decisiones que, a largo plazo, nos llevarán a donde realmente queremos estar.

Para conseguir alcanzar una determinada meta, debemos fijarnos diferentes tipos de objetivos:

-Objetivos a Corto Plazo: suelen desarrollarse en un periodo de tiempo comprendido entre un día y un par de meses. Habitualmente, son objetivos fáciles de alcanzar y deben ser objetivos realistas que puedas cumplir si realmente te lo propones en esa cantidad de tiempo. Por ejemplo, un objetivo de este tipo puede ser perder tres kilos a final de mes.

-Objetivos de Medio Término: Son objetivos que tardas entre tres y seis meses en alcanzar. Estos objetivos deben requerir más planificación y suponer realmente un desafío en cuanto a lo que puedes hacer en la cantidad de tiempo fijada. Por ejemplo, un objetivo de este tipo puede ser decidir que en seis meses te irás de vacaciones a Hawái, independientemente de lo que pase.

-Objetivos a largo plazo: La consecución de este tipo de compromisos suele durar al menos un año o más y suelen estar orientados a cambiar la vida de una persona de forma duradera y significativa. Estos objetivos pueden y deben estar fuera de tu zona de confort.

-Ir acomodando las piezas

Solo tú sabes qué es lo que más te importa y qué estás dispuesto a sacrificar a cambio. Eso solo lo sabes tú, Ni tu mejor amigo ni tu pareja ni nadie más pueden entrar en tu mente y tomar una decisión por ti. Por lo tanto, para tener éxito en esta tarea, debes de ser honesto contigo mismo y definir qué es lo que quieres.

Establece tus objetivos a largo plazo y escríbelos en un papel. Empieza poniendo lo más importante y, una vez hayas hecho esto, trata de fijar un límite de tiempo REALISTA para alcanzarlos. He puesto énfasis en la palabra REALISTA porque si no te fijas un periodo de tiempo que lo sea, lo único que conseguirás será sentirte frustrado y defraudado.

Por ejemplo, si una de tus metas vinculadas al área del auto realización fuese el bajar de peso, una meta muy poco realista sería pensar que puedes perder 15 kilos de peso en una semana. De hecho, no solo sería muy poco realista, sino que el mero hecho de tratar de alcanzarla podría tener un efecto negativo sobre tu salud y podrías terminar en el hospital. En cambio, una aproximación más realista sería ir a hablar con un Nutriólogo y discutir con él cuál sería un plazo realista para eliminar esos kilos de más.

Una vez que hayas definido la meta más importante que quieres alcanzar a largo plazo, trata de ser lo más específico posible a la hora de describirla. Si tú plasmas en tu papel un objetivo que describes únicamente como "Ser Feliz", no te estás ayudando en lo más mínimo, pues no indicas cómo vas a conseguir esta meta. Simplemente estás indicando una consecuencia, pero no es una meta clara y concisa. En lugar de esto, debes ser más específico, aunque manteniéndote siempre en el ámbito de lo realizable. Por ejemplo, algunas metas más claras y concisas podrían ser las siguientes:

- Conseguir un trabajo en determinada área.
- Tener la talla X.
- Viajar a una ciudad determinada.
- Mejorar la relación con mi pareja.
- Dedicar los fines de semana a mi familia.

¿Por qué decimos que hay que ser más específico sin exagerar a la hora de fijar los objetivos? Tú debes intentar ser lo más específico posible en lo que deseas porque eso te ayudará a encontrar tu camino, pero si exageras en este punto, y lo vuelves un hecho tan especifico que es eso o nada, puedes llegar a experimentar situaciones de frustración, estrés

-Quiero ser Director General de Coca Cola en Estados Unidos antes de los 25 años.

Nadie dice que no sea una buena meta o que no puedas lograrlo, pero es algo realmente difícil de conseguir porque implica un factor de tiempo (Edad) y un cargo que requiere ciertos atributos y los estas cerrando a una sola empresa. Es más probable que tengas éxito si te fijas una meta determinada pero con más opciones. Si la alcanzas, ya podrás decidir desde ahí si sigues trabajando hacia adelante o si prefieres tomar otra decisión. Así, siguiendo con este ejemplo, un objetivo más realista sería el siguiente:

-Quiero ser Director General de una multinacional dedicada al Área de Alimentos y Bebidas.

La segunda opción está dentro de la misma ruta de vida que se proponía en el primer ejemplo, pero te da más libertad de opciones a la hora de elegir las empresas para las que trabajar. Esto te permitirá caminar hacia tus objetivos al mismo tiempo que irás logrando éxitos paulatinamente, lo cual fortalecerá tu autoconfianza y te dará la oportunidad de reevaluar tu posición al llegar a una meta alcanzable.

Un hábito es una buena costumbre y los hábitos son rituales que hemos adquirido a lo largo de los años. Todos tenemos hábitos, tanto positivos como negativos. Pero lo mejor del caso es que tenemos la habilidad y el poder de crear rituales positivos en nuestras vidas y de eliminar los negativos. Así, podemos utilizar estos hábitos para mejorar nuestros resultados en prácticamente todas las áreas de nuestra vida.

Efectuar un cambio en nuestra vida toma tiempo, por lo que, en lugar de tratar de hacer todo de una vez, debemos de concentrarnos y trabajar en un solo objetivo cada vez. Esto nos ayudará a crear un inventario de las acciones que debemos realizar para alcanzar nuestro objetivo final. Así, necesitaremos crear una lista de actividades diarias y, cuando la tengamos, debemos de asignarle prioridades y trabajar sobre el esquema resultante... Si a la hora de hacer tu lista anotas, por ejemplo, que perder peso es algo importante para ti,   entonces debes concentrarte en aquellas acciones que te ayudarán a moverte en la dirección correcta para lograr ese objetivo. De esta forma, prestarás especial atención a   actividades tales como comer mejor, hacer ejercicio y otras tantas que eventualmente te llevarán al éxito. Lo importante es que tu objetivo no tiene por qué ser el mejor del mundo en un determinado ámbito. No se trata de que te conviertas en el mejor ante los ojos de otras personas, sino de lograr algo que es importante para ti.

Crear hábitos positivos no es más que el establecimiento de unos objetivos y fijar la costumbre de centrarse en ellos todos los días hasta que esta acción se convierta instintivamente en una parte habitual de tu vida diaria. Una vez que hayas establecido un hábito para tu objetivo, te podrás concentrar en el siguiente. Así, para lograr aumentar tu confianza en ti mismo, comienza con algo pequeño y observa cómo lo vas logrando poco a poco. Una vez logres esto, podrás pasar a intentar cosas más grandes.

-Divide tus metas grandes en objetivos más pequeños

Una vez que hayas decidido cuál es tu meta a largo plazo, escribe este objetivo en un papel. Como dijimos anteriormente, intenta ser tan específico como puedas, pero sin limitar demasiado tus opciones.

¿Lo tienes ya todo listo? Bien, entonces ahora dividiremos esta meta final en objetivos más pequeños que tendremos que ir alcanzando para tener éxito. Por ejemplo, si tú has decidido que quieres conseguir un nuevo empleo, los posibles pasos que podrías fijarte serían los siguientes:

Actualizar tu currículo vitae	1 semana
Conseguir teléfonos y direcciones de empresas	15 días
Conseguir teléfonos y direcciones de Head Hunters	15 días
Crear un Perfil en Linkedin.	1 semana
Crear un perfil y subir el CV a distintas plataformas de empleo.	10 días
Enviar el CV a empresas y Head Hunters.	30 días
Entregar el CV a conocidos.	15 días
Preparación para las entrevistas.	20 días
Seguimiento y Revisión	6 meses.

Como puedes ver, hemos transformado un anhelo, que puede ser el deseo de tener un mejor trabajo, en un objetivo y este a su vez lo hemos dividido en pequeños pasos muy logrables para construir una suerte de escalera que nos llevará poco a poco a conseguir el resultado final. Ahora bien, es de suma importancia poner <u>fechas inamovibles</u> para la consecución de estas metas o no tendremos éxito en nuestro cometido, pero esto merece un punto en sí mismo y hablaremos en más profundidad sobre ello más adelante.

Todos tenemos sueños en nuestra vida que nos gustaría hacer realidad, y muchas veces fallamos en la consecución de estos simplemente por la falta de un plan que nos guíe hasta llegar a nuestro objetivo. Por eso es necesario que comiences a utilizar rituales diarios para crear hábitos que mejorarán tu vida y te ayudarán a lograr tus distintas metas.

Nunca vas a lograr nada en la vida sin tener que pagar algo por ello. Por ejemplo, para construir un negocio rentable será necesario que trabajes al principio muchas más horas y, además, es muy probable que necesites invertir algo de dinero para que empiece a funcionar. Es posible que tengas que levantarte temprano o quedarte hasta más tarde que tus trabajadores. Si, por otro lado, tienes como objetivo ahorrar dinero, puede que tengas que abandonar tu idea de comprar un nuevo televisor hasta el próximo año. Si quieres ahorrar más dinero, puede que tengas que dejar de salir a comer fuera con tanta frecuencia y que tengas que cortar un poco tu presupuesto para compras. Por otro lado, Si vas a estudiar y aprender nuevos temas para tu crecimiento personal, es posible que tengas que apagar la radio y escuchar un CD formativo de camino al trabajo en vez de música. En todo caso, lo que debes entender es que, si deseas alcanzar un objetivo determinado, tendrás que pagar un precio. Habitualmente no te supondrá un gran sacrificio, pero te costará algo hacerlo.

Este precio no tiene por qué estar vinculado al dinero, pues puede que lo que tengas que invertir sea tu valioso tiempo. Por ejemplo, cualquiera puede convertirse en un experto en prácticamente cualquier tema invirtiendo tan sólo una hora al día de estudio durante un periodo de entre uno y dos años. Esto es mucho más fácil de lo que la mayoría de la gente podría pensar pero, de cualquier forma, tendrás que dedicar a este estudio una hora todos los días de forma constante y cotidiana.

Una de las metas más comunes que nos podemos encontrar es la de perder peso. ¿Cómo vamos a crear un plan para lograr esto? ¿Qué tipo de ejercicios vas a realizar? ¿Cómo vas a cambiar tus hábitos alimenticios para reducir la ingesta de calorías diarias? ¿Cómo vas a involucrar a tus amigos o familiares para que te ayuden a lograr este objetivo? Puedes comprar decenas de libros sobre el tema de la pérdida de peso, déjame comentarte que el gran secreto que esconden la mayoría de estas dietas o métodos es que ellos funcionan porque para adelgazar solo tienes que hacer más ejercicio y reducir el número y tipo de calorías que consumes, exactamente lo que te dicen la mayoría de estos libros. Estos conceptos lógicos son el gran secreto que se encuentra detrás de todos ellos. No tienes que morirte de hambre o seguir una carísima dieta de moda para poder adelgazar. Simplemente tienes que trazar un plan viable que incluya un programa de ejercicio y una dieta saludable, divide el camino que te llevará a esta meta en elementos o etapas y asegúrate de ser constante. Con este sencillo método, te aseguramos que conseguirás tu objetivo, obteniendo pequeños éxitos por el camino que te ayudarán a mantener tu moral alta.

Capítulo 6:

Nuestras metas y objetivos.

Es bueno tener un fin hacia el que viajar,
pero es el viaje lo que importa, finalmente.

Ernest Hemingway

Las metas son nuestras visiones o sueños personales es adonde queremos llegar o lo que queremos lograr, por lo que estas debemos verlas y expresarlas con un lenguaje positivo de tono alegre. Generalmente, los términos *metas* y *objetivos* se utilizan indistintamente. Sin embargo, hay diferencias sutiles entre ambos términos. Las metas son los grandes resultados que una persona se ha comprometido a lograr, mientras que los objetivos son los pasos que una persona necesita para llegar a alcanzar dichas metas. Todo proceso de fijación de metas efectivo facilita el camino que debemos recorrer para tener éxito en la consecución de nuestros objetivos.

Generalmente los objetivos se realizan si el individuo cumple con las siguientes etapas:

- Comienza desde el aspecto de ser Posible.
- Establece un compromiso personal con los objetivos.
- Supera el miedo a fracasar y los sentimientos de arrepentimiento.
- Supera la procrastinación.
- Fija una fecha límite inamovible y establece la duración de las tareas.

- Se relacionan los objetivos, las tareas y las duraciones.
- Aplica de forma inteligente la Tenacidad y Perseverancia.

Nosotros, como seres humanos, tenemos una tendencia clara a sobre-complicar las cosas. Pero tenemos que intentar superar esta tendencia natural. Debemos mantener las cosas simples y viables hasta que lleguemos a un punto en que no podremos poner ningún tipo de excusa para no hacer algo. Cualquier cosa que empieza con un "pero" es una excusa ya declarada. Sin embargo, tenemos que tratar de eliminar dicha excusa y decidir qué es lo que deseamos, planearlo de forma práctica y ejecutarlo sin pretextos.

-Separa tus necesidades inmediatas de tus metas a largo plazo.

Cuando estemos definiendo nuestras metas, debemos aprender a separar nuestras metas de nuestras necesidades a corto plazo. Esta es una situación que nos puede suceder sobre todo si un evento inesperado llego a cambiar nuestro plan de vida y que puede desviar nuestra atención de los objetivos a largo y medio plazo, confundiéndolos con nuestras necesidades más inmediatas. A continuación te daré un ejemplo muy común para poder entender mejor este punto.

Hemos perdido nuestro empleo y, como consecuencia de ello, estamos desarrollando un esquema o plan como el que hemos visto en las líneas anteriores para encontrar otro trabajo que nos permita reincorporarnos al mercado laboral, de preferencia, en un área que sea de nuestra competencia y que nos proporcione un sueldo y unas prestaciones acordes con nuestras perspectivas.

Pero nuestra búsqueda laboral puede alargarse durante meses. Esto es un hecho, ya que, como mencionamos anteriormente, tenemos que dar una serie de pasos que van desde la preparación de nuestro currículo hasta el conseguir entrevistas laborales en empresas que nos interesan y ese proceso puede tomar meses ya que dependemos de muchos factores que no están directamente en nuestro control.

Somos conscientes de que probablemente no conseguiremos un nuevo trabajo de un día para otro. Sin embargo, tenemos una necesidad inmediata, que es la de pagar los gastos y compromisos que ya teníamos establecidos antes de quedarnos sin trabajo, tales como la renta, el transporte, la comida, etc. Es obvio que estamos preocupados ante la perspectiva de no poder cumplir ni atender esos compromisos que no nos podemos permitir el lujo de ignorar.

Y aquí es donde, si no tenemos cuidado, mezclaremos nuestras necesidades inmediatas tales como el pago de la renta y cuentas pendientes, con nuestros objetivos a largo plazo y por estar "apagando fuegos" perderemos de vista la imagen global y podemos caer en la situación de solo enfocarnos en el problema de turno día tras día . Esta situación, si no tenemos cuidado, se puede volver recurrente y, peor aún, se puede llegar a convertir en nuestra rutina diaria.

Cuando esto sucede, comenzamos a decirnos a nosotros mismos cosas como: "Sé que tengo que hacer el currículo, pero no puedo empezar ahora, tengo que ir conseguir dinero para pagar X compromiso". Es un hecho que tenemos que hacer frente a nuestros compromisos de la mejor manera posible, pero por ningún motivo debemos de perder de vista nuestro objetivo global y nuestra meta a largo plazo.

En el caso de la búsqueda de empleo que utilizamos como ejemplo, el primer paso consiste en hacer el currículo y, si no terminamos con el primer paso, no podemos pasar al siguiente y así no llegaremos nunca al último. Por eso debemos aprender a lidiar con estos dos eventos de forma simultánea, entendiendo la importancia de cada uno de ellos y sin dejar de atender uno para hacer frente al otro. Si no cumplo con los compromisos que tengo establecidos, me arriesgo a tener muchos problemas a corto plazo, pero si jamás comienzo con mi proceso de búsqueda de empleo, será prácticamente imposible que consiga el empleo que deseo y que, a la larga, será el que me ayude a pagar todos mis compromisos actuales y me dará la estabilidad que necesito para seguir adelante con mi vida.

Cuando estés escribiendo tus metas y objetivos, racionaliza cuáles son los objetivos realistas que puedes alcanzar en este momento de tu vida y qué obstáculos pueden surgir en tu camino hacia la meta. Por lo tanto, adapta tu lista de objetivos a tus circunstancias actuales para que puedas avanzar hacia tu meta a largo plazo al mismo tiempo que cumples con tus responsabilidades cotidianas.

Capítulo 7:
Fechas inamovibles.

Para que algo suceda, tiene que estar en el calendario

Ricardo Lopez

Fijar una fecha para cumplir cada uno de nuestros compromisos es extremadamente importante. Debemos tener fechas exactas en las que deberemos hacer un alto temporal y revisar cuál es nuestro avance. Poseer una fecha exacta, escrita y presente, en nuestro calendario, es un recordatorio simple pero muy efectivo de dónde queremos o debemos estar en un momento de tiempo determinado. Tener una fecha final nos impulsa a cumplir con esa parte del objetivo. Si decimos algo así como: "En un par de meses lo lograré", cometeremos un grave error, pues si no ponemos una fecha de fin determinada, lo dejaremos todo indefinidamente para más adelante. Es radicalmente diferente a decir algo como: "En 45 días a partir de hoy, en X fecha, debo haber logrado esto".

De entrada, debemos fijar una fecha real y viable, en la que podamos cumplir los objetivos que nos hemos propuesto. Si ponemos fechas demasiado exigentes o irreales , por una parte, incrementaremos nuestro estrés, lo cual no nos ayudará en lo más mínimo en nuestro proceso de desarrollo y, por otra, al ser fechas imprácticas o imposibles de cumplir, comenzaremos a acumular una serie de fracasos que nos llenarán de ansiedad desanimo estrés y, finalmente, nos impedirán alcanzar nuestros objetivos.

Y, ¿por qué decimos que debe ser <u>inamovible</u>?

Si al poner la fecha de cumplimiento de esa parte de nuestro plan internamente estamos aceptado que no la vamos a cumplir, entonces estamos boicoteando nuestro propio plan de trabajo desde el principio. Si cuando fijamos una fecha en el calendario nos decimos a nosotros mismos que si no la cumplimos no pasa nada, nos convertiremos en nuestro peor enemigo y estaremos de antemano condenando el proyecto al fracaso, sin embargo si al determinar las fechas en las que debemos cumplir cada uno de nuestros objetivos, nosotros mismos nos exigimos el cumplimiento cabal y nuestro mayor esfuerzo constante de estas, estaremos colocando la base y cimientos fuertes para dirigirnos en el camino correcto.

Es muy importante ser consistente cuando nos establecemos una serie de metas y el cumplir los plazos que nosotros mismos nos establecemos. Lo más adecuando es empezar a alcanzar pequeños objetivos que no nos lleven demasiado tiempo y vayan fortaleciendo nuestra autoconfianza y determinación. Estas acciones no tienen por qué llevarnos demasiado tiempo; tal vez solo tengamos que invertir treinta minutos o una hora al día, pero debes llevarlas a cabo sin excusas.

Tú tienes tiempo suficiente para establecer y llevar a cabo acciones que te llevarán a conseguir los objetivos que deseas. Si estás demasiado ocupado en el trabajo, puedes realizar los trabajos indicados durante los descansos, a la hora del almuerzo, antes de tu jornada laboral o después de salir del trabajo. Pero lo más importante de todo es que seas constante y nunca te permitas a ti mismo sobrepasar una fecha que te hayas fijado previamente.

-Evitar posponer las cosas.

Lo primero que debemos hacer es entender que el hecho de retrasar las tareas importantes que nos hemos propuesto no va a hacer que desaparezcan. Por lo tanto, si queremos conseguir avanzar en nuestro camino hacia la meta deseada, tenemos que esforzarnos para conseguir llegar hasta ella. No importa lo difícil que pueda parecernos en ese momento o, incluso, tampoco importa si tardamos un poco más de lo esperado, siempre y cuando nos comprometamos a esforzarnos hasta que lleguemos a nuestra meta.

Recordemos que tenemos una tabla de tiempo con fechas estrictas para cumplir nuestros compromisos. Seguramente nos sorprenderemos de cuánto podemos llegar a avanzar en el logro de nuestras tareas si realmente les dedicamos cierta cantidad de tiempo todos los días, sin ningún tipo de distracciones. Utiliza el tiempo que normalmente desperdicias y dédicalo a la consecución de tus objetivos. En este sentido, puedes utilizar el tiempo que dedicas a ir al trabajo en coche o en transporte público para leer un manual importante, escuchar la grabación de un seminario de cambio de vida o revisar el material que vas a utilizar en tu próximo proyecto. De este modo, podrás utilizar ese tiempo que desperdicias de forma habitual en algo productivo.

No caigas en el desaliento si tienes un resbalón y llegas a fallar en algún compromiso. Esto nos puede suceder a todos, ya que no es tan fácil cambiar nuestras costumbres ni establecer nuevos hábitos de forma automática. Lo verdaderamente importante es empezar de nuevo al día siguiente, con fuerza y entusiasmo, y no dejarnos vencer hasta alcanzar nuestro objetivo. Cuando hayas completado una serie de tareas o una muy importante, festéjalo y date a ti mismo un premio. Esto te ayudará a mantenerte en el buen camino y te dará la motivación extra que necesitas para lograr incluso las tareas más importantes.

Por último, asegúrate de comer de forma equilibrada y saludable, trata de hacer ejercicio con regularidad, aunque sea de forma ligera, duerme adecuadamente y descansa cuando lo necesites., Esto te creará una abundancia de energía que te ayudará a llevar un estilo de vida productivo. Cuando estás mal alimentado, no has descansado lo suficiente y te ves atrapado por una sensación de cansancio, descubrirás que es mucho más fácil posponer las cosas, ya que necesitamos energía para lograrlas. Por lo tanto, un estilo de vida saludable te ayudará a conseguir tus objetivos más fácilmente.

Capítulo 8:

La procrastinación.

No digas que no tienes suficiente tiempo o dinero suficiente para cambiar el mundo. Usted tiene exactamente el mismo número de horas por día que fueron dadas a Helen Keller, Gandhi, Miguel Ángel, la Madre Teresa, Leonardo da Vinci y de Jesucristo.

Shannon L. Alder

Wikipedia define la procrastinación de la siguiente forma:

"La procrastinación, postergación o posposición es la acción o hábito de postergar actividades o situaciones que deben atenderse, sustituyéndolas por otras situaciones más irrelevantes o agradables". Caemos en la procrastinación por las siguientes razones:

- Por evasión: Cuando se evita empezar una tarea por miedo al fracaso. Es un problema de autoestima.

- Por dilación: Cuando se posterga una tarea hasta que ya no hay más remedio que realizarla.

- Por indecisión: Este caso es típico de las personas indecisas que intentan realizar la tarea pero se pierden mientras intentan encontrar la mejor manera de hacerlo sin llegar a tomar nunca una decisión hasta que no se ve obligado por las circunstancias.

La procrastinación es un gran enemigo que debemos aprender a vencer. Esto les sucede a muchas personas, independientemente de su sexo o edad. Este problema nos impedirá alcanzar nuestras metas y compromisos una y otra vez, causándonos un gran estrés. Este constante estado de indecisión puede llegar a obligarnos a cancelar nuestros proyectos para no tener que lidiar constantemente con los sentimientos de depresión y ansiedad.

Existen muchas formas para modificar nuestro comportamiento ante los compromisos. Uno que nos puede ayudar mucho es de fijarnos metas realistas en tiempos adecuados. Esto nos permite ir cosechando triunfos y, de esta forma, ir adquiriendo confianza y fortaleza al tener metas muy accesibles.

Otra forma muy recomendable de cambiar nuestro enfoque es el de asociar la meta o compromiso que nos hemos puesto con situaciones agradables. Una asociación positiva es decir, vinculamos el cumplimiento de nuestra meta con todas las situaciones agradables que vamos a poder experimentar cuando la logramos. Visualicemos todo lo bueno que vamos a ganar y, de esa forma, en lugar de sufrir cada vez que vemos cómo se acerca nuestra fecha final en el calendario, atraeremos sentimientos positivos y agradables, pues pensaremos en todas las cosas positivas de las que vamos a disfrutar cuando llegue la fecha prevista.

A través de la correcta consecución de los objetivos puedes llegar a donde quieras en la vida. El principal factor a tener en cuenta es que cada objetivo debe ser práctico. Al alcanzar con éxito un objetivo, es fácil pasar al siguiente. Así de esta forma la próxima vez que intentes conseguir una meta, te vas a sentir realmente muy seguro de ti mismo porque ya tendrás la certeza de que puedes lograr lo que quieras y te darás cuenta de que cuando pones tu mente en ello, lo puedes lograr.

Cuando comenzamos a establecer un patrón para fijar nuestras metas y, después, alcanzarlas, esto se convertirá en algo natural para ti y puede llegar a resultar algo tan normal como levantarte por la mañana. No importa si no eres capaz de hacer frente a todos tus problemas al mismo tiempo o hacer todo lo que le gustaría. Solo el hecho de estar logrando tus metas una a una te hará sentirte muy satisfecho contigo mismo y así podrás enfrentar las metas del día siguiente. Cuando comienzas a lograr esos objetivos, te darás cuenta de que tienes la posibilidad de evitar la procrastinación y alcanzar el éxito.

-Consejos para detener la procrastinación.

¿Cómo te sientes al saber que tus acciones tienen un propósito y deben estar alineadas con tus metas y aspiraciones? ¿Estás tomando las acciones necesarias para progresar y salir adelante? Bueno, cuando aplazamos nuestras responsabilidades, no hacemos eso. De hecho, la dilación es una de las maneras más efectivas de sabotearnos a nosotros mismos. Se trata de un comportamiento extremadamente dañino, muy perjudicial a corto plazo y, a largo plazo, destructivo.

Pero quiero tomar un ángulo diferente y, en vez de darte la clave para detener la dilación, quiero darte algunas pautas para que ni siquiera empieces a procrastinar. Son consejos que puedes aplicar en este momento para empezar a recorrer el camino que te llevará a alcanzar tus metas.

Procrastinar es un comportamiento que se ve activado por un disparador. Una vez que se activa este disparador, entra en acción la dilación. Así que, ¿qué sucede si analizamos qué es lo que dispara el proceso de dilación para que ni siquiera llegue a activarse?

Si no activamos la dilación, entonces no tendremos que aplicar medidas para superar la misma, ¿no crees? La clave está en centrarse en lo que viene primero. No puede haber duda alguna. ¡Esto no es como lo del huevo y la gallina! La dilación siempre se presenta en segundo lugar, por lo que vamos a centrarnos siempre en ese primer comportamiento. Para conseguirlo, se aplican en ese momento los consejos mencionados y, de esta manera, detenemos la dilación antes de que comience.

-Consejos clave.

La clave para evitar la dilación es centrarse en la razón por la que no se está tomando acción. Cuando nos centramos en esa razón, podemos reconocer la presencia de un comportamiento no deseado y esto nos da la oportunidad de cambiar nuestro centro de atención. Esto no solo nos permite entender qué es lo que nos está pasando, sino también nos da la oportunidad de enfrentarnos al problema directamente y aplicar los consejos de los que ahora vamos a hablar.

Para empezar, hay dos pasos clave que están estrechamente relacionados. En primer lugar, debemos identificar la falta de acción, que es algo que parece fácil. Sin embargo, muchas veces no nos damos siquiera cuenta de que algo no va bien, lo que conduce a la dilación. Una vez hayas identificado este problema, pregúntate: "¿Por qué no estoy tomando acción?" Ya que hayas encontrado respuesta a esta pregunta, podrás seguir adelante. De esta forma, tú estarás tomando el control de la situación y no permitirás que la dilación decida por ti.

Los motivos te dan las claves que necesitas para poder pasar a la acción de forma efectiva. Hay muchos motivos por las cuales las personas no toman acción y no podemos analizarlos todos aquí. Sin embargo, quiero destacar cuatro de las razones más comunes, dado que éstas son las que tienden a aparecer con mayor frecuencia. Estas son: confusión, sensación de agobio, perfeccionismo y miedo. Para ayudarte a superar cada uno de estos problemas, te voy a presentar dos de mis consejos más efectivos para cada una de ellas.

-Confusión: la confusión está causada por la falta de claridad. Ya hemos hablado anteriormente acerca de la importancia de la claridad. Es muy difícil actuar sobre algo cuando no estamos seguros de qué tenemos que hacer o cómo debemos hacerlo. Para ayudarte a superarla, te presento a continuación un par de consejos que te ayudarán a combatirla.

-Consejo: Coge lápiz y papel y ponte a escribir. Escribe todo lo que puedas imaginar. Este proceso recibe el nombre de volcar tu cerebro. Tienes que sacar todo lo que traes en la cabeza y escribirlo.

-Consejo: Responde a una serie de preguntas específicas que te ayuden a alcanzar una mayor claridad. Esto podemos hacerlo por nuestra cuenta o con la ayuda de un entrenador, un mentor, un colega o un amigo de confianza.

-Agobio: Habitualmente, alguien puede llegar a sentirse abrumado a causa de un gran volumen de información desorganizada. Esta sensación suele aparecer después de experimentar un gran estado de confusión. A menudo esto sucede cuando sabemos qué es lo que se tiene que hacer, pero tenemos la sensación de que tenemos que abordar un trabajo tan grande que nos quedamos congelados. Para lidiar con este problema, aquí te presento mis dos consejos preferidos:

-Consejo: Haz una lista que te ayude a alcanzar una mayor claridad. Escribe cada una de las partes que componen la tarea que tienes que abordar en notas individuales, y luego trata de ordenarlas. De este modo, irás ordenando y planificando el camino que vas a seguir para llevar a cabo tu labor.

-Consejo: Revisa tu lista de acciones y elimina todas aquellas cosas que consideres superfluas. Quita todo aquello que no esté en consonancia con tus objetivos. Al mismo tiempo, examina las tareas que tienes que realizar y decide si puedes delegar alguna para aliviar tu carga de trabajo.

-Perfeccionismo: El perfeccionismo puede ser beneficioso cuando te ayuda a alcanzar tus objetivos. Pero si adviertes que esta faceta de tu personalidad se convierte en un obstáculo para alcanzar tus sueños, Si reconocemos que esta característica se ha transformado en un problema, entonces podremos tomar el control de la situación y llegar a superarlo. Los consejos que yo te doy para combatir este problema son los siguientes:

-Consejo: Establece un camino claro y definido para cada cosa que haces, con fechas de vencimiento que actuarán como plazos para todas sus actividades, planes y proyectos.

-Consejo: Crea una responsabilidad compartida al participar sus planes con otra persona, lo que creará un compromiso que te ayudará a cumplir el camino que te has trazado. Esto se puede hacer con la ayuda de un entrenador, un mentor, un colega o un amigo de apoyo.

-Miedo: El miedo se suele presentar a menudo cuando estás intentando alcanzar nuevas metas. Esto es completamente natural y lo más importante que puedes hacer cuando te cuestionas cada movimiento es seguir avanzando. Ante esta situación, yo te aconsejo lo siguiente:

-Consejo: Haz una lista de las consecuencias que te acarrearía no actuar. Pregúntate a ti mismo qué pasaría si no hicieses nada y qué consecuencias tendría esta actuación tanto para ti como para aquellos que te rodean. La mayoría de dichas consecuencias serán negativas, lo que te animará a seguir adelante pese al miedo que puedas sentir.

-Consejo: Aumenta tu conexión emocional con lo que está por venir, describiendo en detalle todos los beneficios que obtendrás al alcanzar tu objetivo (asociación positiva hacia los beneficios).

Estos son consejos de fácil aplicación. Puedes poner en práctica todos y cada uno de ellos, independientemente de si te sientes confundido, abrumado, detenido por tu afán de perfección o asustado. Recuerda que siempre debes intentar enfrentarte al problema de forma inmediata. De esta manera, ni siquiera llegarás a entrar en contacto con el proceso de dilación.

Una cosa más. Yo creo que, cuando estamos decididos a pelear por nuestros sueños, estos sentimientos están obligados a hacer su aparición. De hecho, si no lo hacen, es una clara señal de que no estás apuntando lo suficientemente alto y estás jugando a salvo.

Quiero ir aún más lejos. Te animamos no solo a aceptar estos sentimientos, sino también a abrazarlos cuando se presenten. Deja ir la culpa o la vergüenza que puedes haber estado sintiendo en el pasado, ya que te tienes que dar cuenta de que dichos sentimientos son señales inequívocas de que estás haciendo algo importante.

Por lo tanto, acepta estos sentimientos, pero no dejes que te controlan. Contrólalos tú a ellos mediante la aplicación de los consejos pertinentes. De esta forma, podrás pasar a través de ellos y moverte hacia adelante.

Dónde estás hoy es el reflejo directo de los pensamientos, las decisiones y las acciones que tomaste días, meses y años atrás. Esto significa que el lugar donde estarás mañana será un reflejo directo de los pensamientos, decisiones y acciones que estás a punto de tomar ahora. Por lo tanto, si quieres alcanzar tus metas en un futuro, tienes que empezar a actuar en este mismo momento.

Capítulo 9:
Hacer un balance.

Cuando una puerta de felicidad se cierra, otra se abre, pero muchas veces miramos tanto tiempo a la puerta cerrada que no vemos la que se ha abierto para nosotros.

Helen Keller

En el mejor de los casos, en este momento ya tendrás una idea más clara de hacia dónde quieres ir y debes de tener una imagen, si no perfecta, al menos sí aproximada de cuáles son tus prioridades, de igual forma deberemos de tener cuando menos un bosquejo de cuál va a ser nuestro plan de trabajo.

Pues bien al llegar a este punto ya podemos hablar de que tenemos un plan de ruta y ahora es tiempo de ver que vamos a necesitar para lograr que nuestro plan llegue a buen término en las fechas acordadas. Es en este momento cuando tenemos que hacer un inventario de que es lo que vamos a necesitar para llevar a cabo nuestra jornada, ¿contamos con todos los elementos necesarios? Tenemos los conocimientos requeridos, las habilidades necesarias, hemos hablado con quién teníamos que hablar, contamos con la retroalimentación necesaria o aun nos faltan por recopilar algunos elementos.

1) Qué nos falta para cumplir con esa meta.
2) Qué me sobra, qué necesitamos dejar atrás para alcanzar nuestro objetivo.

Si vemos este proceso como un viaje o una jornada, veremos que para poder llevarla a cabo debemos de contar con ciertos requerimientos mínimos. Por ejemplo, podemos necesitar cosas como las siguientes:

a. Si estoy buscando trabajo, me puede hacer falta una especialización o un curso de posgrado determinado.
b. Si quiero mejorar mi relación sentimental, me puede hacer falta algo de terapia de pareja.
c. Si quiero mejorar mi salud, me puede hacer falta una serie de estudios o chequeos que me ayuden a saber si necesito algún tratamiento específico.

Ya hemos mencionado que todo este proceso requiere de una dosis extremadamente alta de honestidad y, en efecto, se necesitan muchos pantalones para reconocer que no somos perfectos y que podemos y debemos mejorar en muchas áreas de nuestra vida. Es muy fácil echarle la culpa a otros de nuestros problemas, pues es tal vez la forma más sencilla de justificar nuestros propios errores. Si nos limitásemos a culpar a otras personas por nuestros errores, estaríamos más tranquilos con nosotros mismos y podríamos vivir siempre relativamente felices. Pero así no podemos avanzar.

Por eso, tenemos que ser objetivos, claros y honestos. Hay un dicho que dice: "Se necesitan dos para bailar el tango". En efecto, como seres humanos somos seres sociales e interactuamos con otras personas la mayor parte del tiempo. Por eso, debemos ser lo suficientemente maduros para ser honestos y reconocer que nosotros tenemos cierta parte de culpa de la situación en la que estamos viviendo. Si tenemos una venda en los ojos y culpamos siempre al resto del mundo de todo lo que nos pasa no podremos avanzar ni un ápice, por eso cuando hagamos estos ejercicios de forma honesta nos sorprenderemos al ver el gran porcentaje de éxito o de fracaso que se relaciona directamente con nuestras actitudes y formas de enfrentar la vida, sin implicar de ninguna manera al resto de las personas que nos rodean.

-¿Qué debo dejar atrás?

La segunda parte de este ejercicio no es más fácil, pero sí igual de importante. Se centra en reconocer qué cosas de mi vida debo dejar atrás para seguir avanzando. Esta parte del proceso no es tampoco nada sencilla, pues si en la primera parte tuviste que reconocer qué es lo que te hacía falta para cumplir con tus objetivos, ahora debes de averiguar qué es lo que te sobra, que es lo que no necesitas e, incluso, tienes que ir un poco más allá e identificar qué personas son las que te estorbaran a la hora de querer cumplir tus objetivos.

Es un hecho que, es muy difícil ser autocrítico al cien por ciento, por lo que, para cumplir con esta parte del ejercicio puedes, apoyarte en las personas cercanas a ti y pedirles una opinión objetiva. Esto requiere un alto grado de madurez personal para poder aceptar cualquier tipo de crítica que te haga, un proceso que habitualmente no es demasiado agradable ya que al preguntar nos exponemos a que nos digan cosas que no siempre serán a nuestro favor.

Una forma de lograr tener éxito en este sentido es acercarte a la persona o personas involucradas de forma directa en tu camino hacia la meta que te has propuesto y pedirles su opinión acerca de que ellos consideran que deberías de cambiar para mejorar. Si la situación involucra a tu pareja, habla con ella y pídele su opinión. Si, por el contrario, esta situación está vinculada a tu ámbito laboral, intenta hablar con tus pares de trabajo (gente a tu mismo nivel), con tu jefe o exjefe y, por supuesto, con tus subordinados, para ver qué opinan sobre tu labor y en qué ámbitos consideran que puedes mejorar.

Es muy probable que lo que escuchemos no nos guste del todo, pero créeme cuando te digo que nos dará una idea muy clara y muy precisa del lugar donde nos hemos quedado atascados. Es aquí donde debe entrar la madurez y el raciocinio para ver qué podemos sacar con este ejercicio y es probable que acabemos coincidiendo en que hay elementos de nuestra vida, nuestro carácter y nuestras costumbres que deberíamos desechar o cambiar para poder seguir adelante.

Resulta difícil pedir consejo y, más aún, recibirlo de forma honesta porque podemos escuchar algo que no nos gusta y que vaya en contra de lo que nosotros pensamos o la imagen que tenemos de nosotros mismos. Todos tenemos diferentes formas de ser y algunas pueden ayudarnos a cumplir nuestros anhelos, mientras que otras pueden ser un verdadero estorbo limitante a la hora de avanzar en la vida. Más aún, incluso pueden llegar a crear verdaderos problemas para nosotros, porque puede haber estado saboteando nuestro desempeño sin que ni siquiera seamos conscientes de ello.

Decíamos desde el inicio que debemos de saber cómo y por qué hemos llegamos hasta aquí. Debemos de ser siempre muy conscientes de cuál fue la fórmula que utilizamos para lograr el éxito o, en nuestro caso, alcanzar el fracaso. Una vez que entendamos cuáles son los ingredientes que se han mezclado para obtener cierto resultado, podremos reproducir la misma mezcla en el caso del éxito o modificarla para evitar un nuevo fracaso. Este es el tiempo de decidir qué vas a dejar atrás en tu camino, que personas no han sido tu mejor opción, cuales son los hábitos que debes conservar y estimular y cuáles son las actitudes que debes evitar, es el momento correcto de hacer un balance en tu vida y dejar ir todo aquello que no te sirva para avanzar, es el momento de hacer espacio para todo lo bueno que viene de hacer un balance en tu vida ver cuál es tu saldo y trabajar en ello, recuerda que si quieres cambiar tu vida para bien debes eliminar ciertos hábitos y adquirir otros, conserva lo mejor de tu vida anterior pero prepárate para algo más grande.

Capítulo 10:
El camino de regreso.

El éxito no es definitivo, el fracaso no es fatal:
es el valor para continuar lo que cuenta.

Winston S. Churchill

Ahora vamos a planear nuestra ruta de regreso. Para ello, vamos a hacer una recapitulación de lo que vamos a necesitar:

a. Meta principal y objetivos secundarios, actividades específicas.
b. Recursos necesarios para poder llevar a cabo la empresa.
c. Plan de trabajo con acciones específicas.
d. Calendario con fechas de compromiso, reales e inamovibles.

Ahora lo que vamos a crear es un cronograma. Esto no es más que un plan donde planificaremos nuestras acciones y estableceremos una línea temporal que nos ayudará a cumplir con cada una de las actividades que queremos realizar. Esto puede ser tan sencillo o complicado como lo queramos. La forma más sencilla de crearlo sería seguir un modelo como el siguiente:

Actividad principal	Fecha Compromiso	Comentarios
Actividad		

complementaria		
Actividad complementaria		
Actividad principal		
Actividad complementaria		
Actividad complementaria		

De esta forma, por una parte, plasmamos de forma objetiva y visual lo que tenemos que hacer, la secuencia que debemos seguir y las fechas en las cuales cada una de las actividades debe estar completada.

En la parte dedicada a los comentarios colocaremos cualquier anotación que consideremos pertinentes relacionadas con la tarea a realizar e inclusive podemos incluir factores o elementos que vayamos a necesitar para cumplir con esa tarea. Sabemos que pueden existir situaciones que hayan retrasado el cumplimiento de esa meta, por lo que deberemos registrar esas situaciones si se producen, en este espacio.

Tendremos que considerar como una grave llamada de atención que una de las actividades no se cumpla de forma repetida. Si esto llegara a suceder, tendremos que volver a analizar esa meta en particular y ver qué es lo que está provocando el retraso en su consecución. ¿Es ésta una meta real? ¿Me he fijado unas fechas realistas? ¿Dependemos de terceros para lograr esta meta? Si nos damos cuenta de que hay que lograr o cambiar algo para poder alcanzar esa meta en particular, tendremos que ser muy prácticos a la hora de analizar cuáles son los pasos que debes dar para arreglar esa situación. Si no lo hacemos, estaremos peleando una batalla que no podemos ganar, algo que puede ser extremadamente frustrante y acabar dando al traste con todos nuestros planes.

-Involucrar a la gente correcta.

Cuando decimos que debemos involucrar a las personas correctas en la consecución de nuestros planes es porque en efecto las personas pueden ayudarnos a lograr las metas que nos hemos impuesto o pueden entorpecer e inclusive sabotear nuestros planes. Esto no quiere decir que tenemos que dividir a la gente que solemos frecuentar en dos grupos, los que nos son útiles y los que no, y desechar completamente de nuestras vidas a los que queden en este último. Pero si, por ejemplo, estamos buscando bajar de peso y comenzamos a salir de forma más frecuente con personas que hacen ejercicio de forma regular, es mucho más probable que esto nos ayude en conseguir nuestra meta. Como demuestra este último ejemplo, siempre existirán personas positivas a las cuales será conveniente comentarles tus planes para que te apoyen y te ayuden en tu camino hacia tu meta.

Al mismo tiempo, también te encontraras con personas negativas, que desde el principio te dirán que no puedes conseguirlo, que se burlen de ti diciendo que no tiene sentido que lo intentes o que, aun sabiendo que intentas bajar de peso, insisten en que comas más de lo debido o que pruebes esto o aquello.

Tu meta es muy importante para ti. Por ello, intenta involucrar en tus planes a tu pareja, a tus amigos e incluso a tus compañeros de trabajo. Hazles ver y entender lo importante que es para ti lograr este objetivo. De esta forma, las personas cercanas a ti pueden convertirse en tu mayor apoyo a la hora de alcanzar tu objetivo. Del mismo modo, al involucrar a la gente que está cerca de ti, ellos sabrán qué cosas evitar cuando están contigo o intentarán ofrecerte comentarios de apoyo, mencionarte tal o cual artículo que habla de lo que tú estás tratando de lograr e incluso darte consejos útiles, todo lo cual es bueno para ti.

Hay un viejo refrán que dice: "El camino más largo comienza por un paso". Y así es. Cuando empezamos con un plan que puede llevarnos años, al principio nos parece que va a durar demasiado tiempo e intentamos acortar el camino saltándonos algunos pasos. Eso es algo que no debemos de hacer bajo ningún concepto. Debes entender que no existen las varitas mágicas ni los atajos y que las pociones mágicas y los encantamientos son solo cosa de fantasía. Por supuesto, siempre existirá la posibilidad de que el día de mañana te podría tocar la lotería o podrías recibir una llamada de una estrella de cine para que la acompañes de gira, pero siendo honestos es muy poco probable que esto pase. Pero en cambio si tú tienes un buen plan de trabajo y lo sigues al pie de la letra, te aseguro que acabarás obteniendo lo que deseas.

Capítulo 11:
Mentalización Positiva.

La vida está llena de belleza. Date cuenta.
Observa el abejorro, el niño pequeño y las caras sonrientes.
Huele la lluvia y siente el viento.
Vive tu vida al máximo potencial y lucha por tus sueños.

Ashley Smith

Este capítulo es extremadamente importante. De hecho existen libros y tratados completos vinculados a la creación y mantenimiento de una actitud mental positiva. El pensamiento positivo es, probablemente, el más importante de los hábitos que debemos cultivar, porque todo empieza en la mente. Nuestros pensamientos se convierten en sentimientos, que posteriormente se convierten en acciones. Si te dices a ti mismo que no puedes hacer algo, te estás preparando para el fracaso. Al mismo tiempo, si te convences de que puedes hacer algo, estás aumentado tus posibilidades de lograr ese objetivo. De esta forma, este hábito te ayudará a alcanzar el éxito tanto en tu vida personal como en la profesional.

Cuando te llegue un pensamiento negativo, busca cambiarlo de forma inmediata por uno positivo. No permitas que los pensamientos negativos aniden en tu mente y trata de eliminarlos o cambiarlos por pensamientos positivos lo más pronto posible.

Muchas personas viven pensando en el pasado, reproduciendo una y otra vez los errores que cometieron y eso bloquea su visión del futuro. Con mucha asiduidad, desperdiciamos nuestra energía en revivir una y otra vez algún hecho desagradable de nuestro pasado o en darle vueltas a algo que nos dijeron y que nos molestó profundamente.

Debemos intentar romper con este mal hábito y centrar nuestra energía en visualizar lo que queremos conseguir en el futuro. Debemos enfocarnos en las cosas positivas que deseamos y en los beneficios que vamos a obtener al lograr nuestra meta.

Así, escribe todos los beneficios que esperas lograr en una notita y pégala en la pared de tu oficina, en tu computador o llévala en la cartera y léela continuamente. Reléela cuantas veces sea necesario y recuérdate a ti mismo de forma habitual qué es lo que intentas conseguir y la razón por la que te estás sacrificando tanto.

-Escucha positivo. Lee positivo.

Una de las mejores formas de crear un buen ambiente positivo es rodearte de elementos positivos, Desafortunadamente, nos hemos acostumbrado a escuchar, ver y leer continuamente cosas negativas, ya sea en los noticieros de la televisión, en los periódicos o en la radio, por citar solo algunos casos. Para salir de esta rutina negativa, debemos intentar acostumbrarnos a leer continuamente libros de inspiración, a buscar artículos positivos en la web o, simplemente, a escuchar un CD o música positiva, entre otras posibilidades. Todos estos elementos se alojarán en tu mente y te ayudarán a adquirir y mantener una mentalidad positiva.

-Revisa tu cronograma y planea de acuerdo a él.

Usar tu tiempo de una manera eficiente y de acuerdo a tu cronograma te ayudará a mantener una actitud positiva. No permitas que los plazos se empiecen a incumplir y acumular retrasos solo te dificultará las cosas.

Convierte planificar y centrarte en tus prioridades en un hábito. Esto te va a ayudar a lograr más en menos tiempo, a mantener las cosas bajo control y a no desviarte en tu camino hacia tus metas.

-Ten a tu alrededor personas positivas.

Ya hemos hablado de la necesidad de contar con gente positiva, pero este punto es tan relevante que merece la pena repetirlo. Rodéate de gente positiva y busca mantener alejadas a las negativas y pesimistas. Este es un hábito muy simple, pero muy efectivo, para alcanzar tus metas. Las personas negativas no solo te robarán la energía, sino que crearán un destacado efecto de desgaste al tener que estar luchando en contra de ellas constantemente para lograr tus objetivos.

Así, busca relacionarte con personas afines a ti y a tus objetivos, que además te presten su apoyo y te den coraje para seguir adelante.

-Haz algo de ejercicio.

No importa cuáles sean tus metas específicas. El hecho de sentirte bien contigo mismo te ayudará mucho a seguir adelante y el hábito del ejercicio te mantendrá sano y te ayudará a sentirte mejor contigo mismo. Esto aumentará tu confianza y tendrá un reflejo positivo en tu vida personal y profesional.

-Organiza tu tiempo libre.

Utiliza de forma adecuada, positiva y productiva tú tiempo libre. Puedes aprovecharlo para empezar a leer un libro positivo o de inspiración, iniciar un nuevo proyecto, recuperar un antiguo pasatiempo, pasar tiempo de calidad con su familia…Las opciones son infinitas, pero intenta buscar algo que pueda mejorar tu vida, administrando adecuadamente tú tiempo alrededor de tus prioridades.

-Utiliza un lenguaje positivo.

Presta atención a las palabras que utilizas constantemente. Evita usar en tu día a día palabras finales como "siempre" o "nunca", o términos negativos como "no se puede", "no" e, incluso, "por qué". En lugar de ello, intenta emplear palabras "elegir" o "quiero" en vez de construcciones gramaticales con elementos como "necesito" o "debería".

En una compañía donde tuve el gusto de colaborar, estaba prohibido decir en las juntas de trabajo la palabra "problema". En su lugar, las personas debían decir "oportunidad", lo cual cambia diametralmente el concepto del que se va a hablar y nos hace ver las cosas desde otra perspectiva.

-Deja a un lado el resentimiento y el coraje.

Aferrarse a emociones negativas tales como la ira o el resentimiento solo va a drenar tu energía y te impedirá seguir adelante. Hacerlo no te va a reportar nada positivo. La mejor manera de dejar a un lado estas emociones es examinar de dónde vienen, ver a qué experiencia negativa pertenecen y, después, dejarlos ir, ya que no te son de utilidad. Lo mejor es que los cambies por algo positivo. Aprende algo de lo sucedido y conviértelo en una experiencia de aprendizaje y superación.

-Toma el control y la responsabilidad de tu vida.

Céntrate en aquello que tú puedes controlar, como tus pensamientos, tus acciones y tu comportamiento. Tú eres quien administra tu vida y eres el único responsable de los resultados y consecuencias que tengan tus actos. Ser capaz de tomar posesión y responsabilidad de tu propia vida es un tremendo privilegio.

Capítulo 12:
El secreto del éxito.

Éxito es ir dando tumbos de fracaso en fracaso sin perder el entusiasmo.

Winston S. Churchill

El elemento clave que siempre nos ayudará a alcanzar nuestro objetivo es la tenacidad o perseverancia. Eso significa que no debe importarnos los problemas a los que tengamos que enfrentarnos ni los escollos que encontremos por el camino. Pase lo que pase, siempre estaremos comprometidos a alcanzar nuestro objetivo y nunca nos rendiremos. Esto es lo más importante de todo porque, si sigues luchando por lo que quieres, tarde o temprano lo acabarás consiguiendo.

Podemos imaginar la tenacidad como una lucha o una fuerza en tu interior que te motiva a seguir adelante. Independientemente de cuál sea tu meta, debes estar dispuesto a luchar por ella. Muchas veces damos las cosas por hecho o nos imaginamos que, simplemente por desearlas, van a aparecer en nuestras vidas, pero este no suele ser el caso. Para conseguir muchas cosas, debes pelear por ellas.

Si te sucede alguna desgracia o eres víctima de algún evento desafortunado, no te desanimes ni bajes la guardia. Rehaz tus planes y realiza los ajustes que te parezca conveniente hacer, pero no renuncies a ellos. Muchas personas han visto derrumbarse sus matrimonios tan solo porque no tuvieron la fuerza y la voluntad necesarias para luchar por ellos. Para evitarlo, Tú debes de programarte y convencerte de que debes hacer lo que sea necesario para lograr tu meta, porque solo así podrás mejorar tu vida.

Asimismo, tenemos la misma capacidad para ser tenaces a la hora de alcanzar el éxito como para sumirnos en una espiral hacia el fracaso. Ten tu meta muy clara y céntrate en ella. Camina siempre hacia adelante y no pierdas tiempo mirando hacia atrás. Solo tienes que bucear en tus recuerdos para aprender de tus errores y tratar de no repetirlos, nada más.

Tu camino hacia el éxito estará espoleado por la tenacidad de la que hagas gala para sortear los obstáculos que te vayan poniendo por el camino. En ocasiones, no será un proceso sencillo y tendremos que aplicar la virtud de la tenacidad aun cuando no veamos resultados inmediatos. Las personas que salen adelante son aquellas que no se rinden, que persisten, que son determinadas y que hacen lo que sea necesario para alcanzar las metas y objetivos que se han propuesto.

Íntimamente relacionado con el concepto de tenacidad se encuentra el de oportunidad. Sin embargo, la palabra "oportunidad" se suele vincular con un cierto grado de azar. Significa que, aunque estés preparado y hayas hecho todo lo que deberías hacer para conseguir tu objetivo, tienes que esperar a que suceda algo que está fuera de tu control. Por lo tanto, en este ámbito, la palabra "oportunidad", significa intentar algo, no necesariamente conseguirlo. No significa necesariamente un compromiso para tener éxito.

¿Te acuerdas cuando tu madre te pedía que hicieras algo que realmente no querías hacer? Tú respondías: "Voy a intentarlo, mamá". ¿Lo hiciste? Probablemente, no. El concepto de "tratar", simplemente, no es lo suficientemente fuerte como para inspirar esfuerzo. Sin embargo, es como proceden la mayoría de las personas. Lo intentan, pero con la mentalidad de que, si fallan, entonces quizá no estén hechos para eso y abandonan su objetivo.

Si tus esfuerzos tienen por objeto poner a prueba tus habilidades o demostrar tu capacidad para hacer algo, entonces estás tratando de demostrar algo. Pero, sea lo que sea lo que quieres demostrar (tu talento para hacer tu trabajo, tu capacidad para alcanzar una nueva meta, tu éxito como cónyuge o padre), debes intentar siempre hacer algo más que probar.

Sé tenaz.

Haz tu investigación.

Adquiere las habilidades que consideres necesarias.

Busca a aquellas personas que te puedan apoyar y ayudar.

Haz los cambios en tu vida que creas necesarios.

La tenacidad puede llegar incluso a cambiar tu matrimonio si centras tus pensamientos y tus acciones en complacer a tu cónyuge. El egoísmo no tiene cabida en las relaciones sentimentales. Detendrá tu progreso, ya que siempre resulta más sencillo para una persona quedarse donde está que esforzarse por continuar hacia adelante. Las relaciones humanas requerirán siempre más que un intento o un "voy a tratar".

La tenacidad también puede cambiar tu desarrollo profesional. Si simplemente te decides a dedicar un par de horas a la semana al aprendizaje de nuevas habilidades, te convertirás en una persona mucho más valiosa para tu compañía o tendrás la oportunidad de conseguir un empleo mejor.

La tenacidad puede incluso mejorar tu salud y tu actitud, sobre todo hacia tu vida. Pero siempre tienes que esforzarte para conseguir lo que te has propuesto. No te rindas. No renuncies. No vaciles

Debes ser tenaz cuando planifiques tu cronograma, en tus actividades diarias y en su cumplimiento de ellos en el marco de tiempo que tienes disponible.

¿Qué significa esto?

La planificación de tu rutina requiere el conocimiento de lo que vas a hacer hoy, a finales de esta semana, durante los siguientes quince días y en los próximos 6 meses. Improvisar y esperar a ver qué pasa es lo que hacen los perdedores. Y nosotros ya hemos visto los resultados de ese tipo comportamiento.

Para evitar la improvisación recuerda que debes invertir tiempo en apuntar lo que quieres tener completado en los diversos plazos. Asimismo ya dijimos que este calendario tiene que ser viable, aceptable y reservar cierto espacio de tiempo para imprevistos. Y, si te atienes a este calendario con la perseverancia necesaria, te aseguro que verás los resultados que deseas. .

La elección es solo TUYA y solo tú puedes hacer el esfuerzo necesario para que tus deseos se hagan realidad. Sé perseverante en la forma en la que vas a llevar a cabo tus actividades. Cumple con tu plan y verás que funciona. Piensa en ello como una inversión de futuro que dará posteriormente sus frutos al largo plazo. Puede que sea pronto, puede que no, pero si no empiezas, lo más probable es que tu objetivo nunca llegue a hacerse realidad.

Mantenernos en marcha es la clave del éxito en muchas áreas de nuestra vida. Se trata de desarrollar la voluntad, la fe y el enfoque para seguir trabajando para lograr nuestras metas y sueños a pesar de los contratiempos. Habrá momentos en los que tal vez tengamos que modificar nuestros planes, aprender de los errores que podamos haber cometido y seguir adelante con pequeñas modificaciones, pero trabajando siempre hacia algo que realmente creemos que merece todo nuestro esfuerzo y determinación.

Pregúntate a ti mismo lo siguiente:

1. ¿Estoy luchando lo suficiente para lograr las metas que quiero alcanzar en mi vida?

2. ¿Soy lo suficientemente tenaz para hacer que las cosas sucedan?

3. ¿Cuáles son mis debilidades y cómo puedo superarlas?

-Porque es necesario perseverar y ser tenaz:

La perseverancia es lo que te motiva cuando te despiertas por la mañana y quieres lograr aún más de lo que conseguiste ayer.

La perseverancia es lo que te mantiene en marcha cuando todo a tú alrededor te está diciendo que no se puedes conseguirlo.

La perseverancia es lo que te aferra a tus sueños cuando las circunstancias quieren que te eches para atrás.

La perseverancia es lo que te ayuda a ver las cosas desde otra perspectiva cuando tu idea anterior no funcionó.

La perseverancia es lo que te permite aceptar las críticas constructivas y no interpretarlas como una ofensa personal.

La perseverancia mezclada con la integridad te hace ser una persona abierta a cualquier herramienta, comportamiento y proceso que te ayude a lograr tu meta.

La perseverancia es la fuerza que impulsa tus sueños, tus ideas, tu concepto o tu visión personal.

La perseverancia te puede sacar de la mediocridad y te pondrá en el lugar en el que quieres estar en tu vida.

Las personas que tienen éxito en la vida no se dan por vencidas cuando llegan los obstáculos. Siguen adelante, evalúan la situación y evolucionan a lo largo del camino. La tenacidad es lo que nos da la fuerza de voluntad y la determinación necesarias para seguir adelante pase lo que pase. Y, muy a menudo, es también lo que constituye la diferencia entre el éxito y el fracaso. Esa es la importancia de la tenacidad.

Capítulo 13:
Dar el primer paso.

La manera de empezar es dejar de hablar y comenzar a hacer.

Walt Disney Company.

Decía Lao-tzu "Una jornada de mil millas comienza con un simple paso" y así es, la mejor forma de llegar a alguna parte es empezar a caminar, no importa que tan cerca o que tan lejos vayamos, si no empezamos a caminar nunca llegaremos eso puedes tomarlo como un hecho. Para empezar un proyecto no debemos esperar a que nos llegue el momento perfecto, a que se alineen todos los astros a nuestro favor, a tener todas las cartas en la mano, a contar con el plan perfecto, a que cuentes con el apoyo y aprobación de toda la gente, siempre será mejor empezar aun cuando sientas que el plan puede ser perfectible, ya habrá tiempo de corregir en el camino, ya habrá tiempo de ir aprendiendo sobre la marcha, pero si nunca empiezas lo más seguro es que nunca acabes.

Hemos hablado en capítulos anteriores de un gran enemigo que es la procrastinación o dilación, ese es uno de los factores que nos estará deteniendo, jalando hacia atrás y susurrando atrás de tu oído que no lo hagas, que vas a fallar, que no tiene caso, etc.etc. Te hemos dado armas y herramientas, pero tú tienes que poner la voluntad y la decisión, en ese renglón nadie lo puede hacer por ti, seria genial poder contratar a alguien que realizara nuestros sueños y ambiciones, pero a la fecha no existe tal cosa, ni las personas más cercanas a ti o tus familiares más queridos pueden vivir tu vida, eso solo lo puedes hacer tu.

La decisión y el coraje de empezar es algo que puedes ir construyendo, con lecturas como esta, amigos positivos que te alienten todo el camino, con auto motivaciones relacionadas con todo lo que vas a ganar cuando logres tus metas, pero la decisión dc empezar, de dar el primer paso es solo tuya, recuerda que hay una gran diferencia, entre intentarlo, quererlo y hacerlo.

Hay un refrán popular que me gusta citar, "Cuando te comas un elefante, hazlo una mordida a la vez". Las personas exitosas están muy centradas en sus objetivos y buscan la oportunidad de empezar a forjarlos. Ellos saben lo que quieren y se esfuerzan para avanzar en la consecución de sus objetivos todos los días.

Todos tenemos metas, pero es importante la distinción entre las personas exitosas y las que no. Los verdaderos triunfadores están muy centrados en conseguir sus metas, mientras que los pertenecientes al otro grupo solo lo intentan. La única diferencia real existente entre los dos grupos es la claridad de objetivos que tenían cuando empezaron su camino y la decisión de llevarlo a cabo.

Los grandes triunfadores siempre saben exactamente lo que quieren, razón por la cual ya dijimos que es increíblemente útil poner tus metas por escrito. Este tipo de personas suelen escribir una breve descripción de sus objetivos cada mañana, como un recordatorio personal de sus prioridades y sus responsabilidades. Así, el acto de escribir sus metas aumenta enormemente sus probabilidades de éxito.

Cuanto más tiempo se invierte en pensar sobre lo que se quiere y en cómo conseguirlo, más rápidamente se puede recorrer el camino que te llevará a tus metas. Tus pensamientos son las causas y las condiciones son los efectos. Tú siempre atraes a tu vida personas, circunstancias y oportunidades que están en armonía con sus pensamientos dominantes.

La gente exitosa piensa constantemente en lo que quiere y en cómo lograrlo. Visualizan el tipo de éxito del que quieren disfrutar con antelación, imaginando que ya han logrado el objetivo deseado. Antes de cada nueva experiencia, también visualizan las experiencias exitosas que han tenido anteriormente para invocar una mentalidad positiva, y por sobre todas las cosas ¡ejecutan, actúan!

La gente fracasada, por su parte, recuerda constantemente sus fracasos anteriores. Piensan en la última vez que fallaron y se imaginan a sí mismas fallando de nuevo. Como resultado, su mente se ha programado para el fracaso, que es probablemente el resultado que acabarán obteniendo pues, Aunque tratan de pensar positivamente, todavía tienen las mismas viejas imágenes negativas en su subconsciente, lo que les conduce a experimentar el fracaso una y otra vez.

Nuestra mente subconsciente no diferencia entre las declaraciones positivas y las negativas. Por lo tanto, tu situación actual está reflejando tus pensamientos dominantes. Al visualizar tus metas, le envías un mensaje positivo a tu mente subconsciente, que se pone en funcionamiento para ayudarte a llegar a alcanzar dicho objetivo. Tu mente subconsciente crea tu vida a través de los mensajes que le envías cuando visualizas algo de forma clara y continúa. De esta forma, la energía generada se acaba convirtiendo en el resultado deseado.

Sobre el ejercicio que realizamos de escribir las metas que deseas lograr en los próximos doce meses. Pregúntate a ti mismo: "Si pudiera lograr un objetivo de la lista, ¿cuál es el que elegiría?" A continuación, dibuja un círculo alrededor del objetivo elegido y, por la otra cara de la página, escribe el plazo que te has establecido para cumplir con este objetivo y todo lo que necesitas para alcanzar la meta, comprometiéndote a cumplir cada día una cosa de dicha lista, recuerda que siempre será más fácil subdividir las tareas en pequeños objetivos logrables.

Al realizar esta técnica por primera vez, quizá tengamos la impresión de que nuestra meta deseada es totalmente irreal e inalcanzable. Sin embargo, si dividimos esta meta en pequeñas actividades mensuales, semanales y diarias, poniendo como fecha final un año, veremos que, de pronto, esa meta irrealizable se convierte en un objetivo muy, pero que muy lograble. Todo lo que necesitamos es dar pasos pequeños.

Esto es, incluso, alentador psicológicamente, ya que no tendremos que enfrentarnos a una gran montaña de trabajo de una sola vez, sino que estaremos dando pequeños pasos de forma diaria. Si seleccionas tu objetivo, haces un plan y trabajas en ello todos los días, tu vida va a cambiar eso es un hecho. Podemos empezar por dar pequeños pasos hacia nuestra meta y movernos poco a poco. Así veremos que las cosas se nos ponen cada vez más fáciles y más oportunidades irán apareciendo ante nosotros, recuerda que cuando todos empezamos a caminar nuestros primeros pasos son débiles e inciertos, pero mientras más va pasando el tiempo, tus pasos se irán fortaleciendo y pisaras más seguro y firme.

Cómo dejar de estar ocupado y comenzar a lograr tus metas.

Siempre estamos ocupados, pero no siempre somos productivos. Creo que mucha gente se enorgullece de estar ocupado, pese a no obtener resultados visibles. Es como si se dijera: "Mírame, debo ser importante, ya que no me alcanza el tiempo".

Pero lo que realmente hay que ser es una persona productiva, no ocupada o estresada. Si eres adicto al trabajo o piensas que siempre careces de tiempo, aquí tienes algunos consejos que te ayudarán a pasar de estar simplemente ocupado a ser productivo.

¡Tener un plan! Si no sabes lo que realmente quieres lograr, su día se perderá entre múltiples distracciones, como leer el correo electrónico, averiguar qué es lo que vas a almorzar, revisar las políticas de la oficina, ponerte a hacer búsquedas en Google o perder el tiempo en Facebook. Puedes incluso sentir que has logrado algo, porque al final del día estarás terriblemente cansado y tendrás la sensación de haberte mantenido constantemente ocupado. Pero para ser realmente productivo, necesitas crear una breve lista de tareas que deseas llevar a cabo. Esa lista debe estar en un lugar visible donde puedas tenerla a la vista constantemente. Haz que esa lista funcione como una especie de brújula que te indique la dirección adecuada que debes seguir. Comprueba tu "brújula" durante todo el día para poder mantener un rumbo adecuado.

Haz todas las tareas que aparecen en tu lista, desde la primera a la última. No escribas o hagas preguntas imprecisas que luego crean nuevas preguntas y dificultan la consecución de la actividad. Solicita información o instrucciones específicas para cada caso y busca más datos si lo crees necesario. Sin embargo, no te puedes limitar a recopilar información. El simple intercambio de datos es estar ocupado. Completar la tarea es ser productivo.

Deja de regalar tu tiempo, el tiempo es oro. Si no valoras tu tiempo, las personas que tienes a tu alrededor se aprovecharán te robaran tu tiempo y tu vida. Tú tienes un número limitado de minutos en tu vida, por lo que debes empezar a preguntarte, antes de emprender una nueva tarea, si realmente te merece la pena dedicar tu tiempo a ello.

¡Simplifica todo! Aprende a decir "NO" a cualquier petición o solicitud si estas no te ayudan a concentrarse en tus objetivos. Reduce tus actividades y necesidades a las que realmente necesitas. Cada actividad te exigirá tiempo y dedicación y son elementos que debes cuidar, ya que son recursos. Por lo tanto, elige cuidadosamente aquellas que realmente desees conservar. Elige cualquier actividad nueva con cuidado, ya que muy posiblemente estará contigo para toda la vida. Acepta las oportunidades o peticiones de caridad que te permiten ser productivo en áreas de interés que te tocan el corazón. Este tipo de actividades no constituyen un tiempo perdido si el corazón y la mente están de acuerdo en que es un buen uso de su tiempo, pero no dejes que los demás se aprovechen de ti en su propio beneficio.

Pasarse el tiempo respondiendo a mensajes de correo electrónico o navegando en internet pueden parecernos actividades razonables. Pero si al final del día estas actividades no cambian nada y no nos acercan a nuestras metas, significa que solo te has mantenido ocupado sin obtener ningún resultado positivo.

Imagina que una pequeña monedita sale de tu bolsillo cada vez que pasas diez minutos distraído de tus metas. Recuerda que esa monedita equivale a tu tiempo perdido y este no regresa. Así, si vas a gastar tu tiempo, inviértelo sabia y consistentemente en los objetivos y las personas que son importantes para ti. De esta forma, serás verdaderamente productivo todos los días.

Capítulo14:

Convéncete a ti mismo.

Usted puede, usted debe y, si es lo suficientemente valiente como para empezar, lo hará.

Stephen King.

Tu puedes ser tu mejor aliado o tu peor enemigo, puedes evitar contestar correos, apagar el teléfono, esconderte en tu casa u oficina, es más podrías escalar el monte más alta y aislarte del resto del mundo, pero de la única persona que no puedes huir es de ti mismo, por eso a la primer persona que debes convencer para que te apoye es a ti Y si quieres que las cosas caminen y funcionen para ti y en tu vida, debes enfocarte en lo que realmente quieres. El verdadero secreto para triunfar es hacer lo que realmente amas. Piensa en algo que te apasiona y qué harías de forma gratuita si fuese necesario y ahí encontrarás el ámbito donde reside tu verdadera vocación. Para algunas personas, esto puede significar dedicarse a la jardinería, jugar a la computadora, escribir novelas o, incluso, practicar deportes como el ciclismo. Cuando tienes la oportunidad de realizar alguna de estas actividades, no desperdicias ni un solo minuto, ¿verdad? ¿Por qué sucede eso? La dilación es una señal de que no vas a hacer algo que te gusta y, por ello, lo vas postergando continuamente.

Piensa y responde para ti ¿estás realmente haciendo lo que amas? ¿Estarías dedicándote a lo mismo si el dinero no existiera?

Una gran parte puede responder negativamente a esta pregunta. Por eso, en el mismo momento en el que vayas a tomar la decisión de mejorar tu vida, tienes que tener en cuenta este punto. No estoy diciendo que tengas que renunciar a tu trabajo inmediatamente y lanzarte al vacío, pero sí creo que este es el momento adecuado para reconsiderar lo que hemos estado haciendo en nuestra vida.

Si decides que tu trabajo te hace realmente infeliz, puedes tomarte las cosas con calma y empezar a trabajar a tiempo parcial en algo que realmente te entusiasme. Existen muchas maneras de empezar a conseguir dinero con tu pasión sin abandonar tu actual labor, de forma que, si finalmente te decides dejar tu trabajo principal, ya te habrás labrado una nueva carrera que te permitirá mantenerte cómodamente.

Da miedo, lo sé, pero, ¿cuál es la alternativa? ¿Quieres estar en tu lecho de muerte, pensando que deberías haber hecho otra cosa con tu vida? Cuando se le pregunta a las personas que están a punto de morir qué es de lo que más se arrepienten en su vida, la mayoría nunca dice que se arrepiente de no haber tenido más dinero, sino que lamentaban no haber vivido su vida al máximo.

Dicho todo esto, también puede estar procrastinando incluso si te dedicas a tu pasión. Esto suele suceder cuando estás abrumado o lleno de miedo, por lo que aquí tienes algunos consejos que te pueden ayudar a tomar acción:

1. Simplifica tu vida y no intentes hacer demasiadas cosas a la vez.

2. Decide qué es lo que quieres hacer. Ponte metas y anota los pasos más pequeños que debas dar. La dilación puede presentarte fácilmente si te abrumas, por lo que dividir tus objetivos en tareas más pequeñas te ayudará mucho a evitar este problema.

3. Reconoce tus sentimientos.

-Cómo evitar a los ladrones de tiempo.

Es un hecho irrefutable que un día solo cuenta con 24 horas. Siempre ha sido así, pero, ¿no te parece extraño que esas 24 horas parecen durar cada vez menos? En el pasado, muchas personas no se alejaban más de 50 kilómetros de su casa durante toda su vida, mientras que actualmente la mayoría de nosotros viajamos mucho más que eso todos los días. Tenemos dispositivos que no se podían siquiera imaginar hace apenas 100 años que nos ahorran muchísimo tiempo. Así que, ¿por qué tenemos cada vez menos tiempo libre en lugar de tener más?

En estos tiempos frenéticos, es importante trabajar de forma más inteligente en vez de perdernos entre la gran cantidad de opciones que tenemos a nuestra disposición. ¡Recuerda que tú eres el responsable de tener un buen día! Formula un plan antes de empezar el día y ponlo en práctica con energía y entusiasmo. Navega a través de tu día con flexibilidad y paciencia y, por último, evalúa tu día cuando este termine, porque las conclusiones a las que llegues siempre te darán la oportunidad de mejorar mañana.

Algunas personas encuentran útil mantener un diario o registro de sus actividades diarias y revisarlo continuamente para ver qué cambios deben hacerse para llevar a cabo las tareas de una manera más eficiente. No te menosprecies a ti mismo porque no hayas podido lograr lo que tenías que hacer ese día pero, al mismo tiempo, sé consecuente contigo mismo y toma las medidas que consideres necesarias para mejorar al día siguiente. Ten esto en cuenta, mantente abierto al cambio y podrás sorprenderte a ti mismo con todo lo que puedes llegar a hacer.

Con demasiada frecuencia nos frustramos y nos enojamos por cosas que escapan a nuestro control, creando una negatividad que nos cubre como una manta y de la que somos incapaces de liberarnos para concentrarnos en lo que debemos hacer para cumplir con nuestras metas diarias. El estrés y la negatividad te roban el tiempo y la tranquilidad. Si te sientes impaciente porque tienes la impresión de que algo o alguien te está robando tu tiempo, tómate un momento para respirar. Tómate unas mini vacaciones en tu mente o revisa y planea tu siguiente paso para huir de los sentimientos negativos presentes.

Por último, acuérdate de reservar algo de tiempo cada día para recompensarte por todo lo que has logrado. Para algunos, esta recompensa podría ser hacer una parada en el Starbucks, mientras que para otros puede ser la compra de un ramo de flores o de disfrutar de una excursión en bicicleta. Elijas lo que elijas, no te olvides de darte una palmadita en la espalda después de un trabajo bien hecho.

-Cómo puedes empezar a cambiar.

La mayoría de las personas tienen al menos un aspecto de su vida que les gustaría cambiar. Es posible que quieran reparar una relación, hacer frente a una baja autoestima, perder peso, mejorar su situación financiera, etc. El deseo de cambio no es inusual, pero que se vaya a producir ese cambio ya es otra historia. Así que, ¿por qué es que tan pocas personas trabajan activamente para cambiar sus vidas?

Creo que la respuesta se vincula a una de las siguientes categorías:

-Las personas no saben cómo cambiar.

-Las personas saben lo que tienen que hacer, pero les parece muy duro hacerlo, por lo que la mayoría de las veces ni siquiera lo intentan.

Vamos a empezar por la primera categoría. Algunas personas no están satisfechas con algún aspecto de su vida, pero no saben qué pueden hacer al respecto. Un ejemplo puede ser una mujer adulta que tiene una relación difícil con su madre. Es posible que quiera mejorar dicha relación, pero no sabe cómo hacerlo, por lo que nunca se decide a intentarlo.

Los pasos específicos que se deben dar dependen de la cuestión que se intente cambiar, pero la clave es encontrar un consejo, un plan de acción que va a hacer realidad el cambio deseado. Existen muchas maneras de abordar esto, como puede ser por ejemplo hablar con otras personas que han conseguido hacer realidad el cambio que se ambiciona, empezar a leer libro sobre cómo lograrlo o escuchar los consejos de un entrenador personal o un experto en el tema.

Ahora vamos a pasar a la segunda categoría. Algunas personas saben lo que tienen que hacer para cambiar su vida, pero creen que es algo demasiado difícil de hacer, por lo que ni siquiera lo intentan. Un ejemplo puede ser una persona que quiere bajar de peso. Dicha persona sabe que tiene que vigilar lo que come y hacer ejercicio, pero no se esfuerzan en cumplir los programas de dieta o ejercicio que inician una y otra vez sin obtener nunca un resultado positivo.

La clave para cambiar tu vida, una vez que sabes lo que quieres cambiar y cómo debes conseguirlo, es hacer un compromiso firme para cambiar. El compromiso es la parte difícil. Si no estás realmente comprometido a hacer todo lo que esté en tu mano para que el cambio se produzca, es muy probable que fracases cuando te encuentres con algún obstáculo. Puedes reconocer algunos de estos obstáculos desde el principio, como puede ser que no tengas suficiente tiempo, no tengas suficiente dinero, que estás demasiado ocupado, que el proceso será demasiado perjudicial para otros miembros de la familia o, también, la excusa más común de todas: es demasiado difícil.

Puedes leer todos los libros del mundo y tomar todos los seminarios que desees, pero el cambio no va a suceder si no estás plenamente comprometido con él. He aquí algunas herramientas que te ayudarán a mantenerte comprometido con un cambio que realmente quieres hacer:

-Recuérdate a diario la razón por la cual quieres hacer ese cambio.

-Anota los beneficios que te reportará hacer el cambio y los inconvenientes que tendrá no hacerlo.

-Anticipa los obstáculos con antelación, para que estés preparado para ellos cuando aparezcan.

-Monitoriza tu progreso. Esto te proporciona un refuerzo positivo y te mantiene en el camino adecuado.

-Recompénsate a ti mismo al ir logrando tus metas y deja que tu éxito te motive para efectuar cambios adicionales en tu vida.

-Eres lo que piensas.

¿Crees que las afirmaciones pueden literalmente cambiarte la vida? Si estás intrigado por la idea de comprobar cuán poderosas pueden ser las afirmaciones, pero te sientes un poco escéptico al respecto, estos párrafos te mostraran cómo y por qué funcionan y cuál es la forma más efectiva de utilizarlas.

Todos usamos afirmaciones constantemente y lo hemos hecho desde que fuimos capaces de utilizar el pensamiento consciente. Una afirmación es simplemente una declaración mental de creencia, algo que tú te dices a ti mismo como si fuera una pequeña voz dentro de tu cabeza que te dice cómo tienes que hacer las cosas.

Esto es importante tenerlo en cuenta, ya que, para la mayoría de la gente, las afirmaciones son cualquier cosa menos efectivas. Si fueras capaz de grabar en un disco la banda sonora de tu mente y reproducirlo, probablemente descubrirás que la mayor parte de las palabras que se escuchan son negativas. Oirás cosas como, por ejemplo, las siguientes: "Nunca voy a entender esto", "Odio los lunes", "¿Por qué estoy tan estúpido?", "Me veo gorda con esto", etc. Este hábito de autocrítica constante se nos inculca desde la infancia por parte de los maestros, de los padres y de la sociedad en general.

Aunque estas declaraciones mentales son simples creencias, no hechos objetivos, cualquier cosa que se repite con bastante frecuencia durante por mucho tiempo adquiere en nuestra mente el estatus de verdad. Realizando afirmaciones de poder, estás tomando el control de tu propia propaganda. No se trata de ser "irreal" o excesivamente optimista, sino de construir el mejor modelo de trabajo para ti, uno que realmente te permita lograr cosas. Es la mejor manera de sabotear el auto-sabotaje.

La clave del éxito en este ámbito es la repetición. Las afirmaciones funcionan porque, pasado un tiempo, la, mente crítica consciente deja de darse cuenta de que dichas afirmaciones son construcciones propias, las acepta en su valor nominal y actúa en consecuencia.

Si tienes la oportunidad, date el tiempo necesario para repetir tus afirmaciones de poder a ti mismo una y otra vez. También puedes repetirlas a ratos durante el día, antes de ir a dormir, al despertar y en situaciones específicas en las que estas te serán útiles.

Las siguientes afirmaciones generales te pueden servir como modelos para crear las tuyas propias:

-Estoy abierto a la posibilidad de un cambio positivo.

-Pase lo que pase, me siento cada más y más confiado en mí habilidad para lidiar con los obstáculos que puedan surgir.

-Me siento cada vez más en sintonía con la abundancia que me rodea.

-Siento que cada vez más y más amor fluye hacia mí y a través de mí.

-Siento la felicidad cada vez más fuerte dentro de mí.

La verdad es que estás usando afirmaciones de poder de todos modos todos los días, así que merece la pena utilizarlas para generar algo de poder positivo para conseguir alcanzar tus metas.

Capítulo 15:
Reflexiones.

Es hora de empezar a vivir la vida que has imaginado.

Henry James.

Solo aquellas personas que han sufrido un gran revés emocional pueden medir realmente el tamaño de su dolor, de su angustia, de su sufrimiento y de su frustración. Nadie puede ponerse en tus zapatos y vivir tu vida. Solo tú sabes cuánto te ha impactado un suceso y el daño que este te ha hecho, de la misma forma que tú eres la única persona que puede sacarte adelante.

A lo largo de este libro, hemos tratado de presentarte, en una secuencia lógica y ordenada, los pasos que tienes que dar para que puedas reencontrar tú camino. En algunos puntos incluso nos hemos permitido el lujo de ser reiterativos a causa de su importancia, buscando de esta manera que esos conceptos quedaran grabados en tu mente para que puedas procesarlos y convertirlos en herramientas positivas que te ayudarán a forjar tu camino hacia el éxito.

¿Es posible reencontrar el camino que nos lleva a la felicidad? Sí. Definitivamente es posible. Más aún, cuando estés construyendo tu camino de regreso, verás que puedes ir haciéndolo aún mejor y más grande de lo que nunca imaginaste en un principio, dado que, una vez que hayas aprendido cómo puedes modificar tu vida, la puedes redirigir hacia una meta más alta o más acorde con lo que siempre habías deseado conseguir.

Una vez que te des cuenta de todo el potencial que encierran las herramientas que espero hayas podido aprender aquí, comprenderás que el cielo es tu único límite y que, de ahora en adelante, tienes en tus manos la posibilidad de dejar de ser una víctima de las circunstancias, pues a partir de este momento podrás ir eliminando de tu vida aquellos hábitos destructivos que te hacían infeliz y sustituirlos por actitudes positivas que te ayudarán a crecer internamente y a conseguir todo lo que te propongas.

Cuando empecemos a modificar nuestra vida y a tomar control de nuestro entorno con el objetivo de regresar al camino que nos lleva hacia la felicidad, iremos descubriendo que nuestras relaciones personales también mejoran y que nuestro entorno, en vez de ser un ambiente agresivo y frustrante, comienza a mostrarse como un mundo vibrante lleno de retos y satisfacciones.

El hecho de poder dejar atrás rencores, amarguras y odios antiguos nos va a permitir dar espacio y entrada a emociones positivas, como son el amor y el perdón, ya que, por una parte, estaremos dirigiendo nuestros esfuerzos hacia la consecución de las metas y objetivos positivos que nos hemos planteado y, por otra, al cambiar nuestros hábitos y costumbres, nos brindamos la oportunidad de crecer personalmente.

A lo largo de mi dilatada trayectoria profesional he tenido la oportunidad de trabajar con todo tipo de personas, ya fuera en grupo o a nivel individual y, gracias a mi experiencia, he llegado a adquirir la firme convicción de que todo aquel que se lo propone puede cambiar su vida y labrarse un futuro mejor para sí mismo. Esto favorece a la persona que se decide a luchar para crearse un futuro mejor y, de forma indirecta, también a los individuos que la rodean, dado que sus relaciones familiares mejoran, su desempeño laboral crece y su vida social se vuelve más plena. Es algo normal; si tú te sientes bien y estás satisfecho contigo mismo, los demás lo notan y esa cualidad repercute en tu entorno de forma positiva.

En ocasiones, la gente me pregunta cuál es la receta exacta que nos permitirá tener éxito en este cometido. Y mi respuesta a esta cuestión se resume en los siguientes pasos:

1) Define tus objetivos y recuerda que los parámetros para medir el éxito son distintos para cada persona. Tú debes medir tu éxito de acuerdo con tus propias metas y expectativas, sin tener en cuenta la opinión que tienen los demás a este respecto.

2) Para alcanzar tus metas, sigue el orden que te hemos presentado en los capítulos de este libro. Dichos capítulos están diseñados específicamente para que puedas ir construyendo una plataforma que te permita crecer tanto como tú desees.

3) ¡Actúa, actúa y actúa! No importa lo extenso que sea tu plan de trabajo. Si no lo empiezas, nunca lo terminarás, por lo que utiliza los consejos que te damos en el libro para combatir a uno de tus principales enemigos en tu camino hacia la felicidad: la procrastinación.

4) Practica la perseverancia y tenacidad. No te rindas nunca. Como ocurre con todo en la vida, en tu camino hacia la felicidad siempre habrá días buenos y días malos.

Por lo tanto, no desesperes y sigue adelante hasta lograr tus metas, independientemente de los escollos que te encuentres por el camino.

Tienes en tus manos el poder para cambiar tu vida. ¡Date a ti mismo esta oportunidad y convierte un revés del destino en el empujón que necesitabas para llegar a ser una mejor versión de ti mismo! No te arrepentirás. Te lo garantizo.

Algo de Cariño

Martita una luz en mi camino, la más hermosa, la más brillante.

Moni amiga, esposa, compañera de fechorías.

Gonz y Ana la razón y el motivo.

Avisos Legales

Made in the USA
Columbia, SC
09 June 2021